Gerhard Merz

100jähriger Kalender

Literatur- und Quellenverzeichnis

Abercromby, R.: Das Wetter. Freiburg 1894
Aristophanes: Die Wolken. Leipzig 1978
Bauernregeln. Zürich / München 1981
Herwig, R. u. P. (Hrsg.): Der schwäbische Spruchbeutel. Göppingen 1984
Körber, Hans-Günther: Vom Wetteraberglauben zur Wetterkunde. Leipzig 1989
Körte, W.: Sprichwörter, Zechbrüder, Wetterkalender. Leipzig 1873
Knauer, Mauritius: 100jähriger Kalender. Erfurt 1702
Leistner, E.: Des deutschen Landwirts Spruchwörterbuch. Leipzig 1876
Mannhardt, Wilhelm: Wald- und Feldkulte. Berlin 1904 / 1905
Marzell, Heinrich Dr.: Heil- und Nutzpflanzen der Heimat. Reutlingen 1924
Merz, Gerhard: Die Welt der Träume. Hamburg 1983
Schreiber, Jürgen: Notizen, Gespräche, Gebungen. (Privatdruck) Landau 1972
Tabernaemontanus, Jacobus: Neu vollkommen Kräuterbuch. Basel 1731
Wild, Friedrich: Der bäuerliche Wetterprophet. Dießen 1939

Alle Zitate, Zitat-Fragmente, wörtliche Aussagen und Anmerkungen sind den aufgeführten Titeln unter Berücksichtigung bestehender Rechte entnommen.

Impressum

Der Inhalt dieses Buches ist sorgfältig recherchiert und erarbeitet worden. Dennoch können weder Autor noch Verlag für alle Angaben im Buch eine Haftung übernehmen.

Weltbild Buchverlag
© 1998 by Weltbild Verlag GmbH, Augsburg
Alle Rechte vorbehalten

Einbandgestaltung: Beatrice Schmucker, Augsburg
Illustrationen: Roland Kohlhaas, Köln
Titelbilder: AKG, Berlin
Layout und Satz: AVAK Publikationsdesign, München
Lithoarbeiten: Uhl und Massopust GmbH
Druck und Bindung: Offizin Andersen Nexö – ein Betrieb der INTERDRUCK Graphischer Großbetrieb GmbH, Leipzig

Gedruckt auf chlorfrei gebleichtem Papier
Printed in Germany
ISBN 3-89604-620-9

Inhalt

Vorwort

In den alten Zeiten, als Bücher noch sehr teuer und für viele Menschen unerschwinglich waren, gab man viele Dinge mündlich weiter. Jeder lernte vom anderen, bewahrte im Geiste das Gehörte, Gesehene und Erlebte auf und gab es weiter, zum Nutzen der Nachkommen, deren Kinder und Kindeskinder.

Donnert es im Juni, gibt's einen verregneten Sommer

Damals war das Wetter der wichtigste Faktor im Leben der Landbevölkerung. Da es keine festen Regeln gab, besann man sich auf das Althergebrachte, auf die Tradition und die Erfahrung und behielt sich im Kopfe, dass ein reicher Regenfluss im April für die Ernte gut war, dass Frost im Mai jedoch dem Wein schadete. Diese groben Regeln, verteilt auf längere Zeiträume, reichten aber nicht aus. Es galt, präzisere »Gesetzmäßigkeiten« zu finden.

Ein Abt will es »besser« wissen

In Langheim in Oberfranken ließ sich Dr. Mauritius Knauer, der Abt des Zisterzienserklosters, ein Observatorium errichten, den so genannten »blauen Turm«. Er war überzeugt davon, dass die »Geschicke der Weltgeschichte« im Lauf der Sterne festgelegt waren, denn, so wusste er aus alten arabischen und griechischen Schriften, die »Sterne sind Werkzeuge des ersten Bewegers«.

Also beeinflussten die Sterne, Planeten und Monde nicht nur den Menschen, sein Werden und Vergehen, sondern auch das Wetter und das Klima, und somit auch den Erfolg und Misserfolg der Ernten. Seine astronomischen Erkenntnisse, ergänzt und bereichert durch das Studium der klassischen Schriften, schrieb der Abt nieder.

Nutze den Tag!

In den Jahren 1652 bis 1658 beobachtete Mauritius Knauer tagtäglich das Wetter. Keine astronomische, klimatische oder atmosphärische Erscheinung entging ihm. Irgendwann erkannte der Abt, dass er sein Wissen vielen Menschen zugänglich machen musste.

Knauer nannte seine Schrift »Calendarium Oeconomicum Practicum Perpetuum«. Er glaubte, dass sieben Beobachtungsjahre für eine dauerhafte Wettervorhersage ausreichten, da sich nach seinen astrometeorologischen Ansichten die Witterungsabläufe entsprechend der Planetenfolge Mond, Saturn, Jupiter, Mars, Sonne, Venus, Merkur wiederholten. Aus diesem Grund finden Sie auch in der vorliegenden Ausgabe die Wettervorhersagen für sieben Jahre.

Ein Bestseller des 18. Jahrhunderts

Dr. Christoph von Hellwig aus Thüringen hatte sich schon längere Zeit mit astrologischen und medizinischen Schriften befasst. Als er die Bekanntschaft von Dr. Mauritius Knauer machte, witterte er sofort ein einträgliches Geschäft.

Er verkürzte die vom Abt erstellte und berechnete Planetentafel von 1600 bis 1912 auf hundert Jahre, nämlich von 1701 bis 1800, und ließ den Kalender 1704 drucken. Im Jahre 1720 versah der Verleger Weinmann aus Erfurt die Schrift mit dem Titel »100-jähriger Kalender«. Bis zum Jahre 1860 wurde dieser Kalender in über 180 Auflagen gedruckt und verbreitet.

Auch heute wird noch immer gern nach dem 100-jährigen Kalender gegriffen, denn Wetter und Klima sind in unseren Tagen genauso aktuell wie schon vor über 200 Jahren. Das vorliegende Buch folgt im Wesentlichen der Urausgabe des Abts von Langheim. Der Verfasser erlaubte sich – mit stillem Einverständnis des hochgelehrten Prälaten – seine Originalschriften in diesen Band aufzunehmen und durch weitere, sorgfältig recherchierte Texte, Erfahrungen und mündliche Berichte zu ergänzen.

Der 100-jährige Kalender Knauers regte zum Verbessern der althergebrachten Methoden der Aussaat, des Pflanzens und Erntens an. Das soll auch dieser Kalender. Er ist ein Versuch, ein kleines Stück der Zeit festzuhalten und dem Herrn der Schöpfung einige seiner Geheimnisse abzuluchsen. Möge also jedem Menschen der diesen 100-jährigen Kalender liest, aber auch allen anderen, ein vor Unglück bewahrtes und erfülltes Leben gegönnt sein.

Der hundertjährige oder immer währende Kalender

Im Jahre 1701 erschien zum ersten Mal der gedruckte hundertjährige Kalender aus der Feder des Dr. Mauritius Knauer, Abt des Klosters Langheim im Kreis Kulmbach (Oberfranken). Der Abt, der zahlreiche alte lateinische, griechische und arabische Schriften las, wusste durch deren Studium von den sieben Planeten der Antike: Saturn, Jupiter, Mars, Sonne, Venus, Merkur und Mond. Die Alten zählten zu den bekannten Planeten auch Sonne und Mond, obwohl dies keine Planeten sind. Die Sonne ist ein Fixstern, der Mond ein Trabant oder Satellit der Erde.

Kurz nach dem Ende des Dreißigjährigen Krieges (1648) dachte Mauritius Knauer über die sieben antiken Planeten nach und machte sich daran, einen Jahreskalender zu verfassen. Der Kalender sollte unter dem Zeichen der herrschenden Planeten stehen, denn »alles Leben und Wachstum hängt von den Einflüssen und dem Walten des Himmels und der Gestirne ab«. Der Abt widmete der Erforschung des heimischen Klimas und Wetters sehr viel Zeit und ließ sich dafür eigenes einen hoch aufragenden Beobachtungsturm errichten.

In den Jahren 1652 bis 1658 beobachtete er von seinem Turm aus tagtäglich den Himmel, das Wetter, die Tiere und Pflanzen. Zudem registrierte er die Erträge der Ernten und sprach mit Bauern, Forstleuten, Fischern und Imkern. Er führte Buch über die atmosphärischen und astronomischen Erscheinungen, über die Jahreszeiten, die stattfindenden Veränderungen am Firmament und über die Himmelsbahnen von Sonne und Mond. Im Jahre 1654 wurde der Abt Mauritius Knauer zum ersten Mal in seinem Leben Zeuge einer Sonnenfinsternis. Dieses Erlebnis beeindruckte ihn so sehr, dass er dieses faszinierende Himmelsereignis in seinen Kalendertexten ausdrücklich erwähnte.

Im Vorwort zu seinem Kalender, den er »Calendarium Oeconomicum Practicum Perpetuum« nannte, erklärt der Abt:

Original-Zitat

Wie von verschiedenen Seiten über unsre Materie schon geschrieben worden ist, übergehe ich; ich werde nur das erwähnen, was ich selbst in der Praxis als wahr erkannte und dessen Ursache ich in langwieriger Forschung zu ergründen versuchte. Denn ich habe beim Lesen gefunden, dass zahlreiche Schriftsteller nicht nur in ihren Meinungen auseinander gehen, sondern auch nur selten an die Wahrheit herangekommen sind. Gerade jene Sternkundigen, die jährlich die Kalender zusammenstellen, hauen in der Regel so daneben, dass derjenige, der die Beschaffenheit der Witterung daraus abzunehmen sucht, sich notwendigerweise gründlich irrt und Schaden erleidet. Wenn nämlich die Voraussagen wirklich einmal eintreffen, so darf man ruhig annehmen, dass sie das nicht irgendeiner Gelehrsamkeit, sondern nur dem Zufall zu verdanken haben, da durch Erfahrung bekannt ist, dass unter hundert Voraussagen kaum eine zutrifft.

Der hundertjährige Kalender verkaufte sich zunächst sehr gut. Da erschien der Erfurter Arzt Dr. Hellwig. Der äußerst geschäftstüchtige Mann erkannte auf Anhieb den Wert der Kalendertexte. Beim Lesen der Wetterprognosen, die »nur« für einen Zeitraum von sieben Jahren galten, kam ihm die Idee, den siebenjährigen Kalender in hundertjährigen Kalender umzubenennen. Damit wurde der Kalender von Abt Mauritius Knauer zum Bestseller des 18. Jahrhunderts – 1860 erschien die 180. Auflage. Wie nicht anders zu erwarten bei einem derart großen geschäftlichen Erfolg, wurde der hundertjährige Kalender vielerorts nachgeahmt, kopiert, teils sogar zur Gänze übernommen. Aber keine Kopie erreichte den Erfolg ihres Originals.

Kalender – Chroniken der Zeit und des Lebens

Die Bezeichnung Kalender kommt aus dem Lateinischen. Im alten Rom wurde an den Kalanden (Calandae) der Beginn der Neumondphase ausgerufen (calare), also der Monatsanfang.

In früheren Zeiten waren Kalender nur für sehr Begüterte erschwinglich. Wer sich keine der seltenen handschriftlichen Aufzeichnungen oder späteren Druckwerke leisten konnte, musste sich an den Kirchenkalender halten, an die Fest- und Feiertage der Heiligen, Seligen und Namenspatronen.

Als schließlich die gedruckten Kalender erschwinglicher wurden fanden sie große Verbreitung. Es gab kaum einen Bauernhof oder ein Haus, in dem nicht ein praktischer Haus- und Wirtschaftskalender zu finden war. In den Kalenderbüchern war zudem Platz für eigene Notizen reserviert. Feste Bestandteile der Kalender waren:

- Der liturgische Teil: Namen der kirchlichen und bürgerlichen Feste, der Heiligen und Märtyrer
- Der chronologische Teil: Zeitbestimmung des Jahres nach Monaten, Wochen und Tagen
- Der astronomisch-astrologische Teil: Gestirnlauf, Mondphasen, Wetter
- Ein Handelsteil mit Jahrmärkten und Messen – zumeist im Verbreitungsgebiet des Kalenders
- Ein immer währender tabellarischer Kalender
- Erbauliche Geschichten, Heiligenlegenden, landwirtschaftliche Ratschläge, die Daten der Sonnen- und Mondfinsternisse
- Eine Zinstabelle

Besonders wichtig waren überdies Anmerkungen der Los- und Schwendtage oder verworfenen Tage, der »guten« und der »Unglückstage«. Sie basierten auf jahrhundertelangen Erfahrungen und Wetterbeobachtungen, die von Generation zu Generation weitergegeben wurden.

Das Sonnen- und Mondjahr

Ein Sonnenjahr, nach dem sich unser Kalender orientiert, ist die Zeit eines Umlaufs der Erde um die Sonne. Man unterscheidet verschiedene Jahre, je nach der Wahl des Anfangs- und Endpunktes in der Erdbahn. Es gibt das tropische Jahr (365,2422 Tage), das siderische Jahr (365,25636 Tage) oder Sternjahr, das anomalistische Jahr (365,25964 Jahr), das platonische Jahr und das Mondjahr, das um 11 Tage kürzer als das Sonnenjahr ist. Das julianische Jahr wurde von Julius Cäsar eingeführt und hatte 365,25 Tage. Das gregorianische Jahr, unser Kalender, wurde von Papst Gregor XII. eingeführt und verzeichnet 365,2425 Tage.

Zur Frühjahrs-Tagundnachtgleiche, beim Eintritt der Sonne in das Sternzeichen Widder, beginnt das tropische oder Kalenderjahr. Es hat eine Länge von 365 Tagen, 5 Stunden, 48 Minuten und 46 Sekunden. Die »Überzeit« von 348 Minuten und 46 Sekunden wird alle vier Jahre als Schalttag am 24. Februar ausgeglichen. Daher besitzt ein Schaltjahr immer einen 29. Februar und damit 366 Tage.

Ein Mondjahr ist entweder ein freies oder ein gebundenes. Das bedeutet, dass ein freies Mondjahr sich ausschließlich auf den Lauf des Mondes gründet, während das Letztere mit dem Sonnenjahr verbunden ist.

> **Was der Mond verkündet**
> Wenn der Mond
> neu worden, so merke
> diesen Orden:
> Scheint er weiß, so ist das Wetter
> schön und rein.
> Scheint er rot, so ist er Windes Bot.
> Scheint er bleich, so ist er feucht
> und regenreich.

Das freie Mondjahr hat 354 Tage, 8 Stunden, 48 Minuten und 30 Sekunden im Mittel, 12 Monate zu abwechselnd 30 und 29 Tagen. Das gebundene Mondjahr hat 12 Mondmonate sowie von Zeit zu Zeit einen 13. als Ausgleich des Mondjahres mit dem Sonnenjahr (es heißt dann Schaltjahr). Der Monat beginnt mit dem Neumond, enthält 30 oder 29 Tage. Die Woche hat sieben Tage und beginnt samstagabends um 6 Uhr.

Wie der Mond dem Monat seinen Namen gab

Der Mond, nach alter Auffassung gewissermaßen das Kind der Erde, ist für die Menschen schon seit Jahrtausenden ein wichtiger Zeitmesser und Kalender gewesen. Durch sein Leuchten beherrscht er die Nacht und wurde daher als ein lebendiges Wesen betrachtet, das aber ebenso den kosmischen Gesetzen unterworfen war, wie seine Phasen bezeugten: Er wurde geboren (Neumond), schwoll an zu prachtvollem Leben (Vollmond), nahm wieder ab und verging, um nach Neumond wieder neu zu beginnen. Die Regelmäßigkeit seiner Phasen brachte die Menschen schließlich darauf, wichtige Ereignisse an ihnen festzuknüpfen. Je nach Mondphase feierte man Feste, heiratete, baute ein Haus, säte, pflanzte, erntete, ging zur Jagd oder ruhte. Da man durch sorgfältiges Beobachten und Nachprüfen irgendwann feststellte, dass der Abstand von Neumond zu Neumond generell 29,53 Tage betrug, konnte man dieses Maß zur Zeitmessung hernehmen. Und somit gab der Mond dem Monat seinen Namen. Noch heute dient der Umlauf des Mondes vielen Völkern als Zeitmaß. Der Name Monat blieb bis zum heutigen Tage erhalten, obwohl wir uns inzwischen nach der Sonne und dem Sonnenjahr richten.

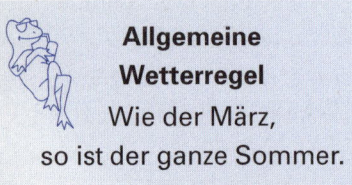

Allgemeine Wetterregel
Wie der März,
so ist der ganze Sommer.

Die Monate

Die Namen unserer Monate verdanken wir den Römern. Sie kommen teils von Göttern, von Kaisern oder von Zahlen. Den Jahresanfang feierte man im römischen Imperium nicht im Winter, wie wir es heute tun, sondern im Frühling; genauer am 25. März, denn im Frühjahr wurde die Aussaat auf die Felder gebracht.

Der **März**, der erste Monat des Jahres wurde nach dem römischen Kriegsgott Mars benannt und steht im gregorianischen Kalenderjahr an dritter Stelle. Je nachdem, wie sich das Wetter an den drei ersten Märztagen gibt, so wird es auch im nachfolgenden Frühling, Sommer und Winter sein.

Der Name **April** leitet sich vom lateinischen aperire (öffnen) ab. Der vierte Monat in unserem Kalender ist gefürchtet wegen seines launischen Wetters – Aprilnarren. Er gilt volkstümlich als gesundheitsschädlich: »Der April macht was er will«. Der April wird zudem als Unglücksmonat angesehen, weil der 1. April der Geburtstag oder Todestag von Judas Ischariot gewesen sein soll.

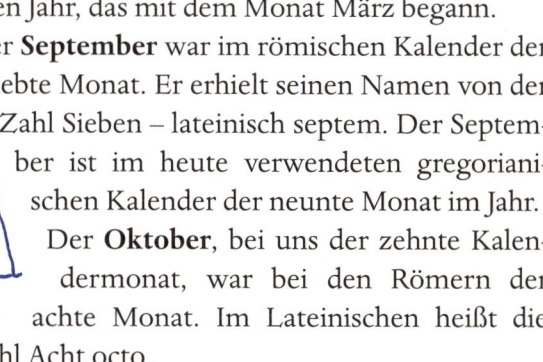

Allgemeine Wetterregel
Donner im Mai führt guten Wind herbei, Nordwind im Mai bringt Trocknis herbei.

Der Name des Monats **Mai**, des fünften Monats im Jahr, geht entweder auf den (römischen) Wachstumsbringer Majus oder auf die Frühlingsgöttin Maja, die Mutter des Götterboten Merkur, zurück.

Juno, die römische Göttin der Ehe, des Kindbetts und des Mondes, gibt vermutlich dem **Juni**, dem sechsten Monat des Jahres den Namen. In diesem Monat finden viele wichtige Feste fest: Pfingsten, Dreifaltigkeitssonntag, Fronleichnam. Im Juni ist die Arbeit der Bauern beendet.

Der Monat **Juli** war im altrömischen Kalender der fünfte Monat und wurde ursprünglich Quintilis genannt. Er erhielt seinen Namen nach Julius Cäsar.

Kälte sagt sich an
Viel Eicheln im September, viel Schnee im Dezember.

Der **August**, der achte Monat des Jahres bekam seine Bezeichnung zu Ehren des Kaisers Augustus. Er war anfänglich der sechste Monat (Sextilis) im römischen Jahr, das mit dem Monat März begann.

Der **September** war im römischen Kalender der siebte Monat. Er erhielt seinen Namen von der Zahl Sieben – lateinisch septem. Der September ist im heute verwendeten gregorianischen Kalender der neunte Monat im Jahr.

Der **Oktober**, bei uns der zehnte Kalendermonat, war bei den Römern der achte Monat. Im Lateinischen heißt die Zahl Acht octo.

Der elfte Monat unseres Kalenders ist der **November**. Er stand bei den Römern an neunter Stelle. Der Monatsname kommt von der lateinischen Neun: novem.

Der ursprünglich zehnte Monat im römischen Kalender erhielt seinen Namen von der Zahl Zehn – decem. Der **Dezember** ist unser zwölfter und letzter Monat im Jahr.

Der **Januar**, der erste Monat unseres Jahres, wurde von den Römern nach dem doppelgesichtigen Gott Janus benannt. Er war der Monat des Dienstwechsels und der Hochzeiten, für Zahlungen, Pachtverträge sowie Dienstbotenwechsel. Das Wetter im Januar war vorbedeutend für das ganze Jahr: »Wie der Januar so der Juli«.

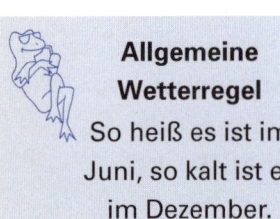

Kälte sagt sich an

Wenn die Fliegen spielen im Januar, kommt Kälte nach im Februar.

Der Februar, der letzte Monat im römischen Kalender, erhielt den Füll- oder Schalttag. Der Name kommt von lateinisch februatio (Reinigung), weil in diesem Monat bestimmte Reinigungsriten durchgeführt wurden.

Kaiser Karl der Große versuchte, deutsche Monatsnamen einzuführen – beispielsweise Schneemond für Januar, Brachmond für Juni oder Christmond für Dezember. Er konnte sich damit allerdings nicht durchsetzen, da diese Bezeichnungen von der Bevölkerung nicht oder nur widerwillig angenommen wurden.

Die folgende Tabelle stellt die verschiedenen Monatsnamen gegenüber, wie wir sie aus unserem heutigen, gregorianischen Kalender kennen, wie Kaiser Karl der Große sie anordnete und wie sie von den Römern bezeichnet wurden:

Allgemeine Wetterregel

So heiß es ist im Juni, so kalt ist es im Dezember.

Heute	Altdeutsch	Lateinisch
Januar	Schneemond	Januaris
Februar	Hornung	Februarius
März	Lenzmond	Martius
April	Ostermond	Aprilis
Mai	Wonnemond	Maius
Juni	Brachmond	Junius
Juli	Heumond	Quintilis
August	Erntemond	Sextilis
September	Herbstmond	September
Oktober	Weinmond	October
November	Nebelmond	November
Dezember	Christmond	December

Vom Eiermond, Dreimelcher und Laubreiß

Einige weniger bekannte Namen für die Monate sind »Lassmonat« für den Januar, weil in diesem Monat beispielsweise ein Aderlass als besonders gesundheitsfördernd galt. Der April wurde »Eier- oder Laubmond« genannt, wegen der vielen frischen Eier und des Laubes.

»Dreimelcher« nannte man den Wonne-mond Mai, da in dieser Zeit die Kühe drei-mal gemolken wurden.

Der Brachmond Juni hieß entweder »Aus-wärts-Mond« oder »der andere Mai«. Denn jetzt musste der Winter endgültig Abschied nehmen, und »zwischen Pfingsten und Jako-bi« sollte es nun endlich warm werden.

> **Kälte sagt**
> **sich an**
> Hängt das Laub
> bis zum November hinein,
> wird der Winter ein langer sein.

Der Monat September wurde »Einwärts« getauft, weil schließlich der Winter vor der Tür stand und die Felder natürlich jetzt nicht mehr bebaut wurden.

Die Name »Laubreiß« für den Monat November muss wohl nicht näher erklärt werden.

Die Woche

Seit rund 3000 Jahren existiert die »unveränderte« Woche. Die Woche bezeichnet einen Zeitabschnitt von sieben Tagen, was etwa einem Viertel des Mondumlaufes entspricht. Die Benennung der Tage ist auf die alten babylonischen Astronomen und Astrologen zurückführen. Die französischen Tage zum Beispiel sind vollständig aus den römischen entstanden. Die Reihenfolge der astrologischen Wochentagnamen ergibt sich einfach aus der Reihenfolge der astrologischen Stunden.

Die folgende Zusammenstellung zeigt die alte Zuordnung der Wochentage zu den Planeten, die von Sonnenaufgang bis zum Sonnenuntergang die einzelnen Stunden regieren. Die Stundentabelle gab an, welche Zeit zum Beispiel günstig für Aussaat, Anpflanzung oder Ernte war, wann man ruhen und feiern sollte. Auch wenn man sich nicht daran hielt, so wusste man doch, dass man diese Tabelle jederzeit in seinem Kalender nachschlagen konnte.

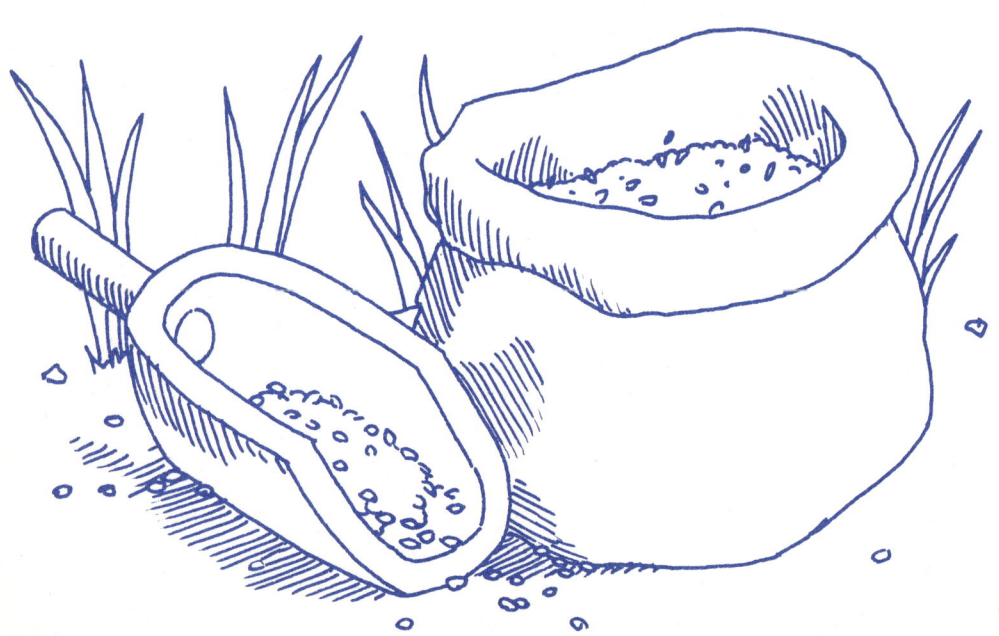

Die Tages- und Stundenregenten

Wochentag:	Sonntag	Montag	Dienstag	Mittwoch	Donnerstag	Freitag	Samstg
Tagesregent:	Sonne	Mond	Mars	Merkur	Jupiter	Venus	Saturn

Tagesstunden

6–7	Sonne	Mond	Mars	Merkur	Jupiter	Venus	Saturn
7–8	Venus	Saturn	Sonne	Mond	Mars	Merkur	Jupiter
8–9	Merkur	Jupiter	Venus	Saturn	Sonne	Mond	Mars
9–10	Mond	Mars	Merkur	Jupiter	Venus	Saturn	Sonne
10–11	Saturn	Sonne	Mond	Mars	Merkur	Jupiter	Venus
11–12	Jupiter	Venus	Saturn	Sonne	Mond	Mars	Merkur
12–13	Mars	Merkur	Jupiter	Venus	Saturn	Sonne	Mond
13–14	Sonne	Mond	Mars	Merkur	Jupiter	Venus	Saturn
14–15	Venus	Saturn	Sonne	Mond	Mars	Merkur	Jupiter
15–16	Merkur	Jupiter	Venus	Saturn	Sonne	Mond	Mars
16–17	Mond	Mars	Merkur	Jupiter	Venus	Saturn	Sonne
17–18	Saturn	Sonne	Mond	Mars	Merkur	Jupiter	Venus

Nachtstunden

18–19	Jupiter	Venus	Saturn	Sonne	Mond	Mars	Merkur
19–20	Mars	Merkur	Jupiter	Venus	Saturn	Sonne	Mond
20–21	Sonne	Mond	Mars	Merkur	Jupiter	Venus	Saturn
21–22	Venus	Saturn	Sonne	Mond	Mars	Merkur	Jupiter
22–23	Merkur	Jupiter	Venus	Saturn	Sonne	Mond	Mars
23–24	Mond	Mars	Merkur	Jupiter	Venus	Saturn	Sonne
24–1	Saturn	Sonne	Mond	Mars	Merkur	Jupiter	Venus
1–2	Jupiter	Venus	Saturn	Sonne	Mond	Mars	Merkur
2–3	Mars	Merkur	Jupiter	Venus	Saturn	Sonne	Mond
3–4	Sonne	Mond	Mars	Merkur	Jupiter	Venus	Saturn
4–5	Venus	Saturn	Sonne	Mond	Mars	Merkur	Jupiter
5–6	Merkur	Jupiter	Venus	Saturn	Sonne	Mond	Mars

Die Wochentage

Die Wochentage haben ebenfalls ihre bestimmten Namen. Ihnen liegt die ursprüngliche Zuordnung der Wochentage zu den sieben antiken Planeten zugrunde, wie sie sich auch Abt Mauritius Knauer zunutze machte. In der Astronomie und Astrologie der Alten, die im Leben unserer Vorfahren einen großen Raum einnahm, ist jedem Tag ein bestimmter Planet zugeordnet. Diese Einteilung ist nicht rein zufällig entstanden. Unsere Vorfahren waren davon überzeugt, dass jeder Tag ganz typische Eigenschaften seines Planetenregenten besitzt. Beispielsweise sollte man am Dienstag jeglichen Streit vermeiden, weil dieser Tag vom Planeten Mars beeinflusst wird. Sein Glück versucht man am Donnerstag, weil Jupiter wohlgesinnt ist, der Freitag gilt einzig und allein der Liebe.

> **Regen kommt**
>
> Regnet's am ersten Dienstag eines Monats, so regnet's alle Dienstage im betreffenden Monat.

Die Wochentage – von Sonntag bis Samstag

Zeichen	Planet	Deutsch	Englisch	Französisch	Italienisch
$\odot$	Sonne	Sonntag	Sunday	dimanche	domenica
$\mathcal{D}$	Mond	Montag	Monday	lundi	lunedì
$\mars$	Mars	Dienstag	Tuesdy	mardi	martedì
$\mercury$	Merkur	Mittwoch	Wednesday	mercredi	mercoledì
$\jupiter$	Jupiter	Donnerstag	Thursday	jeudi	giovedì
$\venus$	Venus	Freitag	Friday	vendredi	venerdì
$\saturn$	Saturn	Samstag	Saturday	samedi	sabato

Der **Sonntag** gilt als der glückliche Tag, an dem man gern heiratet oder Kinder tauft. Sonntagskinder sind Glückskinder und können vieles anderen Menschen Verborgene erkennen, denn der Sonne bleibt nichts verborgen. Kinder, die am goldenen Sonntag, am Sonntag nach Pfingsten, das Licht der Welt erblicken, sind besonders vom Glück gefördert, haben eine frohe Laune und ein heiteres Gemüt.

Der **Montag** ist der Tag des Mondes. An diesem Tag sollte nichts unternommen, nichts verliehen oder viel Geld ausgeben werden, weil man sonst das Glück für die ganze Woche weggibt. Geld, das man am Montag aus einer Erbschaft oder von der Lotterie ausgezahlt bekommt, behält man nicht lange. Außerdem sollte man weder Wäsche waschen, eine andere Wohnung beziehen, heiraten, mit der Ernte beginnen, eine neue Stellung antreten noch eine wichtige Reise unternehmen. Günstig ist an diesem Tag der zunehmende Mond zum Pflanzen, für alles, was wachsen soll. Wie der Montag begonnen wird, glücklich oder unglücklich, so bleibt es die ganze Woche.

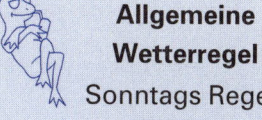

Allgemeine Wetterregel
Sonntags Regen und Montags gut, kann's noch geben eine gute Woch'.

Der **Dienstag** ist der Tag des Mars, des Gott des Krieges, des Schwerts und Gerichts. Er war ein wichtiger Tag für gerichtliche Angelegenheiten, für Vertragsunterzeichnungen. Hochzeiten waren an diesem Tag sehr begünstigt, ebenso der Antritt einer neuen Stellung oder der Beginn einer Kur. An diesem Tag sollte man nicht zu viel riskieren und nicht zu draufgängerisch sein. An Dienstagen werden viele Grundsteine zu lang anhaltenden, kostspieligen und mühsamen Prozessen gelegt.

An einem **Mittwoch** verriet der Überlieferung nach Judas den Herrn Jesus Christus. An diesem Tag sollte nicht gesät oder gedüngt werden, man darf nichts Wichtiges unternehmen, den Stall nicht reinigen, das Vieh nicht auf die Weide treiben. Nicht begünstigt ist der Viehhandel oder der Kauf neuer Tiere. An einem Mittwoch darf nichts, was von Dauer sein soll, begonnen werden. Oft ändert sich nach den alten Bauern- und Wetterregeln zur zwölften Stunde das Wetter.

Kälte sagt sich an
Wenn Donnerstag Hagel vom Himmel fällt, folgt in der nächst' Woch' große Kält'.

Der **Donnerstag**, in manchen Gegenden Deutschlands ein unheilvoller Tag, ist der Tag des wilden Donars. An ihm dürfen Kinder nicht zum ersten Mal in die Schule geschickt und nicht gekämmt werden. Teller, Löffel und anderes Geschirr wurden nicht gereinigt. Einige Arbeiten sind untersagt, weil der Tag ein heidnischer Festtag war: Kein Holz darf gehauen, kein Mist ausgeführt, abends nicht gesponnen werden. An einem Donnerstag geborene Kinder dürfen am Sonntag nicht getauft werden, sonst sehen sie Geister. Am Donnerstag gibt es zudem die meisten Gewitter, denn da geht dem Glauben nach der Herrgott übers Land. Als Gerichts- und Feiertag war der Donnerstag außerdem Gesellschaftstag. Daher kommt übrigens der Ausdruck »aufgedonnert« für tüchtig herausgeputzt. Der Donnerstag gilt als Tag des großen Glücks.

Allgemeine Wetterregel
Freitags Mittag prägt uns ein, wie Sonntags wird das Wetter sein.

In früheren Zeiten war für viele Menschen der verhängnisvollste Wochentag der **Freitag**. An einem Freitag durfte man nicht verreisen, nicht die Wohnung oder die Stelle wechseln. Man sollte keine Wäsche waschen, schon gar nicht in einem Bach, da man eine Überschwemmung befürchtete. Eine am Freitag geschlossene Ehe wird unglücklich und bleibt kinderlos. Freitagskinder haben im Leben viel zu leiden. An einem Freitag darf man sich nicht kämmen, sonst vermehrt sich das Ungeziefer. Außerdem sollte man nichts verleihen und kein Obst pflücken, sonst trägt der Baum im nächsten Jahr nicht mehr. Von Hexen darf man keinesfalls reden, denn sie hören es und rächen sich. An einem Freitag muss man zum ersten Mal einspannen und mit der Ernte beginnen. Wer sich am Freitag bei zunehmendem Mond die Haare schneiden lässt, dem wachsen sie gut. Das gilt ebenso für die Nägel. Freitagskinder, am Sonntag getauft, sind gut bestrahlt wie Sonntagskinder.

Allgemeine Wetterregel
Wie der Samstag Abend, Samstag in die andere Woche schlägt.

Wie am Freitag das Wetter ist, besonders zur Mittagszeit um zwölf Uhr, so wird es auch am Sonntag sein. Der Freitag ist der Tag des kleinen Glücks.

Der Sonnabend oder **Samstag** gehört dem alten Herrgott, der Samstag und Montag dem jungen. Am Samstag soll die Sonne scheinen, wenn auch nur zu Mittag drei Minuten lang, denn die Mutter Gottes will ihr Hemd oder die Windeln des Christkinds trocknen. Am Abend darf nicht gesponnen werden, denn das Gesponnene wird in der Nacht wieder verdorben oder weggenommen. Am Samstag bringt es Unglück, wenn man sät, düngt, eine neue Arbeit beginnt, neue Kleider kauft, einen neuen Dienst oder eine Reise antritt.

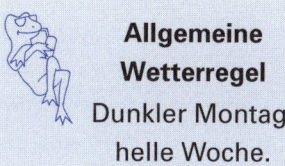

Allgemeine Wetterregel
Dunkler Montag, helle Woche.

In Norddeutschland wird der Samstag auch Sonnabend genannt; damit ist der Abend vor dem Sonntag oder aber der Vortag des Sonntags gemeint.

Die Glück bringende Sieben

Bei den Wochentagen begegnen wir wieder der geheimnisvollen, Glück bringenden Zahl Sieben. Dass die Woche sieben Tage hat, ist wahrscheinlich babylonischen Ursprungs; ebenso wie die These, dass derjenige der sieben Wandelsterne – Saturn, Sonne, Mond, Mars, Merkur, Jupiter, Venus – die Stunde eines bestimmten Tages regiert und somit den ganzen Tag beherrscht.

Wir alle wissen, dass eine Woche sieben Tage hat, sprechen aber oft von acht Tagen – wie zum Beispiel »Wir sehen uns in acht Tagen wieder« oder »Vor acht Tagen bekam ich einen wichtigen Brief!« Das hängt damit zusammen, dass unsere Vorfahren einst in Nächten rechneten. Wenn man von Sonntagabend an zählt, dann kommt man auf insgesamt acht Tage: sieben Nächte und ein Tag. Es gibt zudem zwei Tage in unserem Kalender, die die Bezeichnung Nacht tragen, nämlich Weihnachten und Fastnacht.

Kälte sagt sich an
Wenn im Herbst feist sind Dachs und Hasen, kommt ein strenger Winter geblasen.

19

Der rote Tag im Kalender

»Einen Tag im Kalender rot anstreichen« oder »auf einen roten Tag im Kalender achten« sind Redensarten, wie sie jeder von uns einmal gebraucht. Diese Bezeichnung hat ihren Ursprung im Kalenderwesen. Denn in allen früheren Kalendern und Gebetbüchern wurden – und werden zum Teil noch heute – die Namen und Tage der Heiligen und die kirchlichen Feiertage mit roter Farbe gedruckt. Somit fielen sie dem Betrachter auf Anhieb ins Auge. Durch die rote Farbe heben sich diese Tage von den gewöhnlichen, schwarz gedruckten Tagen ab. Daher stammt wahrscheinlich auch die Redensart von »einem schwarzen Tag«, also einem Tag, an dem nichts klappt und alles schief gegangen ist.

Über Sonnen- und Mondfinsternisse

Die Eklipse, das Ausbleiben oder Nachlassen des Lichts der Sonne oder des Mondes erzeugt die Finsternis. Eine Sonnenfinsternis kann nicht länger dauern als zwei Stunden und dreißig Minuten, ergo erstreckt sich ihr Einfluss nie über zweieinhalb Jahre hinaus. Die Regel: So viele Stunden eine Sonnenfinsternis andauert, so viele Jahre hält ihre Wirkung an. Eine Mondfinsternis kann höchstens dreieinhalb Stunden dauern, und da sie nur auf Monate wirkt, kann sie nicht lange Unheil anrichten. Diese beiden Arten der Finsternis verursachen aber nicht nur Unheil, sondern sie haben auch gute Wirkungen, ja sogar noch öfter als schlechte. Die Kraft der Gestirne, soweit sie bis zu uns reicht, beeinflusst die äußere Beschaffenheit der Erde und bringt sie dort, wo sie wirksam wird, in Unordnung. Wenn die Sonnenfinsternis in die Blütezeit fällt,

Was der Mond verkündet

Seht ihr den Neumond
hell und rein.
so wird es gutes Wetter sein,
ist aber selbiger sehr rot,
so ist er vielen Windes Bot',
ist er dann bleich,
dass glaube frei,
dass nasse Zeit dahinter sei.

bringt sie Unfruchtbarkeit mit sich. Ereignet sie sich aber im März, April oder in den ersten Tagen der Maiwoche, dann wächst ein guter Wein, allerdings lässt das Korn zu wünschen übrig.

Den Verfinsterungen von Sonne und Mond wurde – wie jeder ungewöhnlichen Himmelserscheinung – stets sehr argwöhnisch entgegengesehen. Das Erlöschen des Lichts sah man als schlechtes Zeichen für die nahe Zukunft an. Durch Prozessionen und Bittgänge verursachte man, das kommende, drohende Unheil zu bannen. Die Menschen der vergangenen Zeit waren nicht im Besitz unserer heutigen Erkenntnisse. Sie setzten ungewöhnliche Naturereignisse der Erscheinung böser Dämonen gleich.

Wie Sonnen- und Mondfinsternisse entstehen

Eine Sonnenfinsternis entsteht, wenn der Mond sich als Neumond in einem seiner Knoten oder in dessen Nähe befindet, also zwischen Sonne und Erde steht und infolge davon seinen Schatten ganz oder teilweise auf die Erde wirft. Die Sonne erscheint dann in bestimmten Gegenden ganz (totale Sonnenfinsternis) oder teilweise (partielle Sonnenfinsternis) verfinstert, indem man den Neumond als eine dunkle Scheibe in der Richtung von West nach Ost an der Sonne vorüberziehen sieht. Diese bekommt dann etwa das Ansehen des ab- und zunehmenden Mondes. In jedem Jahr können höchstens sieben Finsternisse an Sonne und Mond vorkommen, in jedem treten wenigstens zwei Sonnenfinsternisse ein. Die Verfinsterungen der Sonne und des Mondes kehren in bestimmten Perioden wieder: 18 Jahre, 11 Tage, 8 Stunden. Nach einer beträchtlichen Sonnenfinsternis werden aber die nächsten nach dieser Periode immer kleiner, die kleinsten bleiben in der folgenden Periode aus.

Der Einfluss einer Sonnenfinsternis erstreckt sich über so viele Jahre, wie die Finsternis an Stunden dauert, bei Mondfinsternissen so viele Monate, wie die Finsternis an Stunden war.

Was die Tiere sagen

Wenn die Katzen Gras fressen, sich an den Bäumen reiben und öfer niesen wird schlechtes Wetter.

Auswirkungen von Sonnenfinsternissen in den Tierkreiszeichen

Widder Außergewöhnlich hohe Temperaturen, unerträgliche Hitze, Baumfrüchte und Erdpflanzen verderben, Tiere können erkranken oder eingehen.

Stier Handel und Gewerbe werden geschädigt, Korn, Getreide und Futter werden leiden. Es drohen Seuchen und Hungersnöte. Reisende sind gefährdet.

Zwillinge Zank und Streit über religiöse Fragen, Vernachlässigung der Gesetze und Pflichten gegen Gott und die Menschen, Diebstähle und Mordtaten. Viel Wirrnisse in Zwillings-Ländern.

Krebs Störungen in der Luft, große Wetterveränderung und Wetterwechsel. Flüsse und Springbrunnen trocknen ein, es drohen Aufstände, es wird Pestseuchen geben und viele Krankheiten.

Löwe Viele Wirrnisse, Ängste, hohe Geldverluste, die Früchte auf den Feldern verderben, in den großen Städten leiden die Menschen Hunger.

Jungfrau Hungersnot, Aufstände, Seuchen; Menschen, die sich von geistiger Arbeit ernähren, müssen mit Widerwärtigkeiten und Einkerkerungen rechnen.

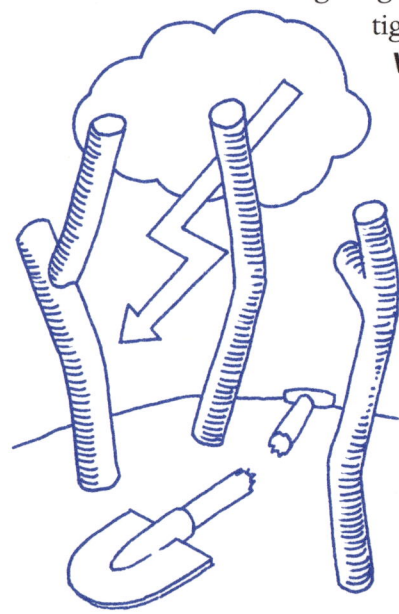

Waage Verdirbt die Luft, verursacht Pestseuchen, Verderbnis, Dürre auf Äckern und Feldern.

Skorpion Verursacht Kriege, Tumulte, es drohen Aufstände und große Hungersnöte.

Schütze Meinungsverschiedenheiten, Hass und Uneinigkeit unter den Menschen, vielfacher Tod von Wiederkäuern und Pferden.

Steinbock Unglück für große Persönlichkeiten von Rang, Verbannung oder Auswanderung eines Königs; Meuterei, Empörung und Aufruhr wird es unter dem Militär und dem gewöhnlichen Volk geben, verursacht durch große, bittere Hungersnöte.

Wassermann Verursacht öffentlichen Gram und Kummer, öffentliche Räubereien, Erdbeben und Hungersnot, Tod und Schlachtung von Schafen und Tieren des Feldes.

Fische Eintrocknung von Flüssen und Verödung der Meeresküsten, Vernichtung der Fische, Flutwellen und Überschwemmungen.

Auswirkungen von Mondfinsternissen in den Tierkreiszeichen

Widder Pestseuchen, Fehlgeburten, Fieber und Gefahren für Frauen. Brandstiftungen, verheerende Feuer in Wälder und Forsten, zu große Luftrockenheit.

Stier Tod und Krankheiten unter den Rindern, Spärlichkeit und Unfruchtbarkeit der Saat und der Erde.

Zwillinge Erdbeben, Intrigen, Verrat bis in höchste Kreise, große Kriegsgefahr.

Krebs Plötzliches Elend und große Hungersnot in Städten, Dörfern, Ansiedlungen und Weihern.

Löwe Erdbeben, Schiffsunglücke, launisches Wetter, Wechsel zwischen Hagelschlag und Donner, viele Blitze und Feuersgefahr.

Jungfrau Aufruhr und Missstimmung unter dem Volk, verursacht Krankheiten in der menschlichen Gesellschaft.

Waage Verursacht wütende, heftige Stürme mit Hagel.

Skorpion Es kommen schreckliche Gewitter mit starkem Donner und Blitzschlägen, auch Erdbeben im Gefolge.

Schütze Pestseuchen und allerlei Übel für die Bevölkerung, bringt den Pferden und Maultieren Verderben und Vernichtung.

Steinbock Verschwörungen unter den Menschen, große Kälte, Äcker und Felder werfen keine Frucht ab.

Wassermann Zeigt eine Veränderung in allen Dingen an, allgemeine Verderbnis des Samens der Erde.

Fische Tumulte und Aufstände, Hungersnöte, Seuchen, Krankheiten, Absterben von fruchttragenden Bäumen und Sträuchern.

Über die Kometen

Obwohl es die verschiedenartigsten Kometen gibt, unterscheidet das Volk nur drei Arten, nämlich geschwänzte, gebartete und behaarte. In den ersten Tagen ihrer Erscheinung bringen die Planeten meistenteils Regen mit sich, dann Trockenheit. Man beachte, dass innerhalb von sieben Jahren ein-, höchstens zweimal ein Komet erscheint und zwar entweder in einem Jupiter- oder in einem Marsjahr, beziehungsweise in beiden. Ein solcher Komet ist nur um wenig größer als die Venus und im darauf folgenden Jahr gibt es dann einen guten Wein. Andere Kometen mit Schweif oder Bart erscheinen oft aus übernatürlichen Gründen auf Gottes Geheiß und bringen viel Schlimmes mit sich. Einige Kometen beziehen ihre Kraft von den Planeten, mit denen sie verbunden sind, andere von den Sternzeichen, in denen sie erscheinen. Wenn der Komet, was die Planeten betrifft, mit dem Saturn erscheint, wird es ein großes Sterben geben. Ist er mit dem Jupiter verbunden, dann droht den Königen, Fürsten und Herzögen alles Schlimme und Ungünstige. Regiert Mars, dann bringt ein Komet Streit und Kriegsgeschrei bis zum Blutvergießen hervor. Unter der Venus gibt es Dürre. Ist der Komet dem Merkur zugesellt, dann sterben Menschen besten Alters und bester Bildung. Erscheint ein Komet im Mondjahr, stirbt das Volk. Wenn die Kometen im Erdzeichen erscheinen, bringen sie wegen der Dürre Unfruchtbarkeit mit sich. Erscheinen sie im Zeichen des Wassers, entstehen Pest und Seuchen, der Regengüsse wegen. Im Zeichen der Luft haben sie Stürme und Aufruhr zur Folge und manchmal, wenn auch nicht immer, Kriege. Im Zeichen des Feuers gibt es immer Krieg. Ungestraft hat niemand jemals einen feurigen Planeten gesehen und oft kündigt er kommendes Unheil an.

So beschrieb Abt Mauritius Knauer das Erscheinungsbild und die bisweilen unheilvollen Auswirkungen der Kometen.

Kometen

Und es werden große Erdbeben, teure Zeit und Pestilenz, Schrecknisse und große Zeichen am Himmel kommen, es werden Zeichen geschehen an Sonne, Mond und Sternen.
Lukas 21, 11 u. 25

Die uralte Angst vor den Unglücksboten

In früheren Zeiten glaubte man einen Zusammenhang zwischen Kometenerscheinungen und Völker- und Menschenschicksalen zu erkennen. Die Kometen galten schon seit alters als Unheilbringer aus dem Weltall, als Anzeichen und Vorboten von Weltuntergang, Tod des herrschenden Königs, Krieg, Krankheiten, Seuchen, Hungersnot, Überschwemmungen, Schädlingsplagen. Wohin der Schweif eines Kometen zeigte, dort sollte nach altem Volksglaube ein Krieg ausbrechen.

In einem alten Kalender aus dem 17. Jahrhundert wird vor acht Gefahren gewarnt, die im Gefolge eines Kometen auftauchen können:

1. Fieber, Krankheit, Pest und Tod
2. Schwere Zeit, Mangel und Hungersnot
3. Große Hitze, dürre Zeit, Unfruchtbarkeit
4. Krieg, Raub, Mord, Aufruhr, Neid und Streit
5. Frost, Kälte, Sturmwetter und Wassernot
6. Viel hoher Leute Abgang und Tod
7. Schreckliche Winde, gewaltige Erdbeben
8. Hungersnot, große Dürre, wilde Stürme

Über viele Jahrtausende hinweg wurde dem Erscheinen eines Kometen mit großem Schrecken entgegengesehen. Man betrachtete die Kometen als Zuchtrute oder Schwert Gottes. In einem Reim des Chronisten Wolfgang Hildebrand aus dem Jahre 1690 heißt es:

> *Es zeigen und alle Kometen zwar*
> *Sehr viel Unglück, Trübsal, Not und Fahr,*
> *Und hat niemals eines Kometen Schein*
> *Pflegen ohn böse Bedeutung sein.*
> *Achterlei Unglück insgesamt entsteht,*
> *Wenn in der Luft erscheint ein Komet:*
> *Viel Fieber, Krankheit, Pest und Tod,*
> *Schwere Zeit, Mangel und Hungersnot,*
> *Groß Hitz, dürre Zeit, Unfruchtbarkeit,*

Original-Zitat

> *Krieg, Mord, Aufruhr, Neid und Streit,*
> *Frost, Kälte, Sturmwetter, Wassersnot,*
> *Viel hoher Leute Abgang und Tod,*
> *Groß Wind, Erdbeben an manchem End,*
> *Viel Änderung der Regiment.*
> *Solch Unglück insgesamt entsteht,*
> *Wenn ein Komet am Himmel geht.*
> *Wenn wir aber Buße tun von Herzen,*
> *So wendet Gott manch Unglück und Schmerzen.*

Man muss aber wissen, dass die Kometen eine unterschiedliche Wirkung haben. Erscheinen sie am östlichen Sternenhimmel, wirken sie sofort, jedoch nicht sehr lange. Tauchen sie am westlichen Himmel auf, zeigt sich ihre Wirkung langsamer, dehnt sich aber oft über drei Jahre aus. Durchstößt er den Himmel zuerst über einem südlichen Land, so wirkt er über diesem Gebiet, in dessen Sternzeichen er auftauchte, am stärksten. Steht der Komet angenommen im Zeichen Löwe, wirkt er hundertfach verstärkt, wenn die Sonne in dieses Tierkreiszeichen tritt.

Im Jahre 1066 sah der englische König Harald über England einen Kometen und befürchtete Schlimmes. Kurz darauf griffen die Normannen unter Herzog Wilhelm dem Eroberer England an, eroberten es und töteten König Harald II.

Nach alten Überlieferungen ist die Wirkung der Kometen in den verschiedenen Tierkreiszeichen folgende:

Im Zeichen Widder Der Komet bringt Unglück den Herrschenden, Sorgen, Gram und Betrübnis für alle, die unter diesem Zeichen geboren sind. An vielen Orten bringt er große Dürre und Krankheiten kleinen Tieren, Rindern und Schafen.

Im Zeichen Stier Viele Rinder, besonders die Ochsen, werden großen Schaden nehmen. Das Getreide und die Früchte verderben, im Winter herrscht große Kälte, es treten heftige Stürme auf, starke Erdbeben und verheerende Krankheiten.

Im Zeichen Zwillinge Es wird unter den Menschen Krankheiten, Zank, Krieg und Meinungsverschiedenheiten geben. Junge Menschen und Rinder werden sterben, man schlachtet sinnlos Vögel ab. Die Ernte fällt sehr karg aus, verheerende Orkane ziehen übers Land und vernichten Äcker und Felder.

Im Zeichen Krebs Gewaltige Schwärme von Heuschrecken nehmen überhand und fressen überall die Ernte auf. Es gibt viele Raupen und schädliche Würmer, nur wenig Früchte. Unter den Fürsten gibt es Krieg, Tod, und es droht die Pestgefahr.

Im Zeichen Löwe Wilde Bestien greifen die Menschen an. Würmer und Ungeziefer zerstören das Getreide, unter dem Adel und dem Bürgerstand gibt es viele Todesfälle. Viele Menschen werden von schmerzhaften Augenentzündungen heimgesucht.

Im Zeichen Jungfrau Es gibt Unruhe unter den Kaufleuten, böse Fieber zwingen ganze Dörfer auf das Lager, am Ende erhebt sich Waffenlärm und großes Kriegsgeschrei.

Im Zeichen Waage Auf den Straßen treiben sich Räuberbanden und Marodeure herum, überall herrscht große Armut und es wird bitterkalt. Mancher berühmte Mann wird plötzlich vom Tod hinweggerafft. Es gibt Komplotte, Verrat, Blutbäder. Starke Stürme donnern über das Land, es regnet kaum oder gar nicht, überall trocknen Quellen und Brunnen ein, die Erdfrüchte sind faul oder verderben noch während der Ernte.

Im Zeichen Skorpion Im Zeichen Skorpion verursacht der Komet große Kriege und Rebellion, Veränderungen in Königreichen und bringt große Gefahren für Männer und Frauen. Das Getreide und die Erdfrüchte werden immer weniger und wachsen nicht nach, viele Flüsse und Bäche trocknen aus, Quellen versiegen auf immer. Es tauchen unbekannte Krankheiten an den Zeugungsorganen auf.

Im Zeichen Schütze Bäume, Sträucher und Pflanzen gehen über Nacht ein, das Wasser verändert seinen Geschmack, viele kluge und gelehrte Menschen verstehen nicht mehr, was man ihnen sagt.

Im Zeichen Steinbock Es ist zu befürchten eine Zunahme von Raub und Mord und Krieg, Fürsten werden sterben, unter dem Adel gibt es viele Unglücksfälle. Die Religion wird verachtet, es drohen Hungersnöte und die Pest. An vielen Tagen wird es schrecklich hageln, Schnee und Frost weichen nicht, Saaten und Pflanzen in der Erde erleiden großen Schaden.

Im Zeichen Wassermann Sie bringen Krieg und Blutvergießen, den Tod so manches hohen Fürsten oder hoher Damen, Epidemien, lang anhaltende Finsternis bei Tage, heftige Gewitter ohne Unterlass.

Im Zeichen Fische Familien, Brüder und Verwandte werden gegeneinander kämpfen, es wird viele Schlachten geben, man streitet sich bis aufs Blut über Religion und bisher altehrwürdige Traditionen und Überlieferungen. In der Luft zeigen sich seltsame Erscheinungen, Schiffe werden untergehen und viele Fischersleute sterben, tausende Fische siechen dahin.

Die Zeichen auf einen Blick

Die Zeichen des Tierkreises

Nördliche Grade				Südliche Grade				
Widder	0	Krebs	90	Waage	180	Steinbock	270
Stier	30	Löwe	120	Skorpion	210	Wassermann	300
Zwillinge	60	Jungfrau	240	Schütze	240	Fische	330

Die Zeichen und Namen der bekannten Planeten

♄	♃	♂	☉	♀	☿	☽
Saturn	Jupiter	Mars	Sonne	Venus	Merkur	Mond

Die Zeichen der Mond-Hauptgestalten

●	☾	○	☽
Neumond	Zunehmender Mond	Vollmond	Abnehmender Mond

Zeichen, durch welche die sieben Wochentage unterschieden werden

☉	☽	♂	☿	♃	♀	♄
Sonntag	Montag	Dienstag	Mittwoch	Donnerstag	Freitag	Samstag

28

Der hundertjährige Kalender von 1999 bis 2005

Der hundertjährige Kalender des Abts Dr. Mauritius Knauer gehörte einst neben der Bibel zu den meist verbreitetsten Druckwerken und Büchern und ist seit über 250 Jahren das meistgelesene Wetterbuch. Der Kalender war für Bauern, Gärtner, Förster, Fischer und Seeleute ein unentbehrliches Nachschlagewerk für die Beobachtung der Natur, für Erd- und Himmelserscheinungen, Lostage, Wetterregeln, Fest- und Gedenktage, Gartenbau, Mondphasen, Planetenjahre, Wochentage und die Zeiteinteilung. In einer Vorrede wendet sich der Abt an die Leser seines Kalenders:

Weil einem fleißigen Haushalter sehr viel an dem gelegen, dass er wisse wie zu fruchtbarer Bebauung sowohl der Äcker als auch der Weinberge jährlich die Witterung falle, nämlich ob es ein kaltes oder warmes, trockenes oder nasses Jahr gibt, wie lange die Kälte im Frühling sich hinausstrecke, wie bald im Herbst sie einbreche, und was dergleichen mehr ist – welches zwar die Kalendermacher jährlich in ihren Kalendern mit einbeziehen, aber, wie es die Erfahrung lehrt, selten die rechte Witterung treffen und wenig der Wahrheit gemäß ist. Was sie davon prognostizieren ist durch lange Aufmerkung und Experimentieren so allhier (Langheim) geschehen, so viel befunden worden, dass fast alle sieben Jahre, wo nicht in allem, doch mehrerenteils sich gleich befinden, zuzuschreiben ist, welche einander abwechseln und ihrer Ordnung nach jeder ein ganzes Jahr regiert, wie im lateinischen Kalender solches durch natürliche Ursachen mit mehreren erwiesen worden. Obwohl aber die unterschiedlichen Konjunktionen und Aspekte der Planeten in gewissen Zeichen den Jahresregenten in seinen natürlichen Wirkungen bisweilen hindern und bisweilen stärken helfen, so behält doch der Planet, der das betreffende Jahr regiert, den Vorzug. So dass wo nicht alles, doch das meiste, was im folgenden Kalender verzeichnet ist, sich in der Wahrheit befinde.

Die Bedeutung der Regenten

Die sieben Planeten werden folgendermaßen aufgezählt: Der erste und oberste Planet ist Saturn, dann folgen Jupiter und Mars; der vierte Planet ist die Sonne, der fünfte Venus, der sechste Merkur und der siebte der Mond. Wie diese sieben Planeten in der Ordnung gesetzt sind, so gibt einer dem andern das Regiment; aber nicht zu der Zeit, wenn unser Jahr beginnt, nämlich am ersten Januar, sondern am 21. März, wenn die Sonne in den Widder geht. Daher ist der Winter nicht der erste, sondern der letzte Teil des Jahres. Denn wenn die Sonne in den Widder geht, fängt der Frühling an. Es folgen Sommer, Herbst und Winter, der zwar im Dezember anfängt, aber erst im März des anderen Jahres endet.

> **Kälte sagt sich an**
> Auf Schwalb'
> und Eichhorn merke bald,
> wenn sie verschwinden
> wird es kalt.

Die Jahresregenten

Jupiter	Mars	Sonne	Venus	Merkur	Mond	Saturn
1980	1981	1982	1983	1984	1985	1986
1987	1988	1989	1990	1991	1992	1993
1994	1995	1996	1997	1998	1999	2000
2001	2002	2003	2004	2005	2006	2007

Wenn man zum Beispiel wissen will, wie 1663 der Winter war, das Jahr vom ersten Januar an gerechnet, in welchem Jahr sonst der Mond regiert, muss dieser Winter nicht im Mondjahr, sondern im Merkurjahr gesucht werden. Denn 1662 hat Merkur regiert. Und 1663 übergab er am 21. März sein Regiment dem Mond. Wenn man nun etwas über die jährliche Witterung erfahren will, so muss man wissen, welcher Planet jedes Jahr regiert.

> **Was der Mond verkündet**
> Donnert's, wenn
> im November der Mond im
> Schützen ist, so gerät das Ge-
> treide am Gebirge wohl, aber
> im Tals nimmt es Schaden.

Die Einflüsse der sieben Planeten auf die Wetterbildung

Planeten	Frühling	Sommer	Herbst	Winter
Mond	Veränderlich	Schön	Wind und Regen	Klar mit Frost
Saturn	Windig, kalt, unbeständig	Regnerisch und kalt	Kalt und windig	Stürmisch, Schnee oder Regen
Jupiter	Stürmisch, doch trockene Luft	Große Hitze und Gewitter	Windig und warm	Mild und windig
Mars	Unbeständig, doch milde Luft	Heiß, zuweilen Gewitter	Warme Luft, Gewitter	Unbeständig, windig
Sonne	Starke Winde, Niederschläge	Heiße und angenehme Luft	Stürme, viel Niederschläge	Regen, Schnee, frostig, stürmisch
Venus	Regen und kalt	Regnerisch	Regen und kalt	Schnee oder Regen
Merkur	Windig und unbeständig	Veränderlich, windig	Regen und Wind	Stürmisch, Schnee oder Regen

Der folgende Kalender spiegelt die Aufzeichnungen und Notizen des Abtes wider. Jedem Jahr wird ein Planet zugeordnet, dessen Eigenschaften und Wirkungen beschrieben werden.

Nach der allgemeinen Übersicht des Wetters folgen Ratschläge für Haus und Hof. Die Partikularwitterung setzt sich im Einzelnen mit den Wetterverhältnissen auseinander.

Das sich anschließende Kalendarium bietet für jedes Jahr einen monatlichen Überblick mit den wichtigsten Feiertagen und Daten, den Mondphasen und dem Lauf des Monates. Auch Los- und Schwendtage können Sie dem Kalendarium entnehmen.

Das Mondjahr
1999

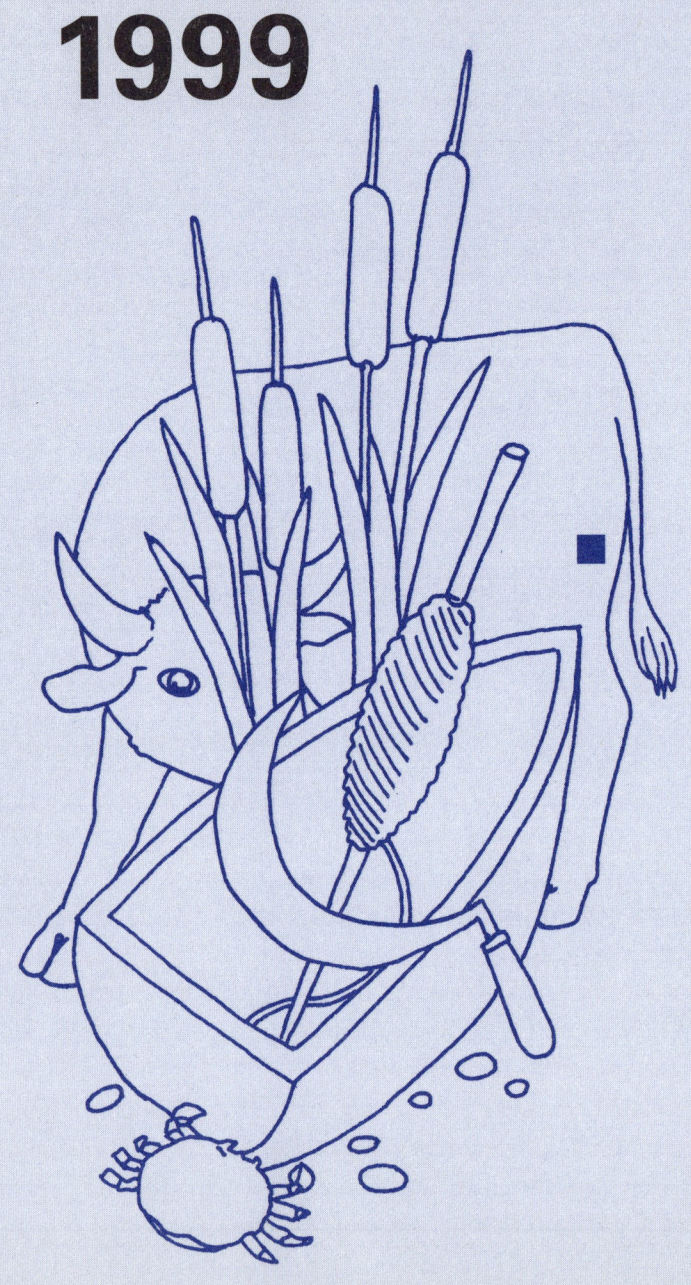

Der Mond ist von angenehmer Farbe, ungleich dick, eine Zierde der Nacht, eine Mutter des Taus und ein Geber der Feuchtigkeit, ein weibischer Planet. Er ist der unterste Planet und vollendet seinen Lauf alle 28 Tage, 7 Stunden, 43 Minuten und wird unter die »fortunas« gezählt. Er ist kalt und feucht, doch etwas wenig warm dabei. Er macht die Menschen unbeständig, doch arbeitsam, wie Schiffsleute, die gern reisen und unbeständig im Leben sind. Er schützt Königinnen, Witwen, Mütter, Ehefrauen, das gemeine Volk und alle, die ständig unterwegs sind. Das sind Postreiter, Boten, Gesandte, Landwanderer, Fischer, Kleingeister und alles, was viel Feuchtigkeit hat, also das Meer, Wasserflüsse und dergleichen. Der Mond regiert das Gehirn, das linke Auge der Männer und das rechte der Frauen, Magen, Bauch, die linke Seite, das Gedärm, die Blase, den Geschmack, die Geburtsglieder, die Leber der Frauen.

Sonnenfinsternisse

16. Februar	ringförmig; in Deutschland nicht sichtbar
11. August	total, in Mitteleuropa sichtbar

Mondfinsternisse

31. Januar	Halbschatten; nicht sichtbar
28. Juli	partiell; sichtbar

Das Wetter im Mondjahr

Das lunarische Jahr ist mehr feucht als trocken, mehr kalt als warm, obwohl der Sommer sehr warm sein kann, öfter aber auch kalt.

Frühling

Der Frühling ist sehr feucht und daneben warm, doch mit unterlaufendem Frost. Der ganze März bleibt kalt; der April kommt von Anfang bis gegen den 14. mit viel Regen, schöne warme Tage können zwei oder drei unterkommen. Dann ist es etliche Tage rau und kalt, danach wieder schön. Gegen Monatsende regnet es wieder.

Notabene Wenn um diese Zeit wenig Regen fällt, so kommt er im Juni oder Juli um so heftiger. Der Mai ist von Anfang bis gegen den 16. sehr schön mit großer Hitze. Es folgt etwas Regen, danach kommt eine große Kälte mit Hagel, Reif und Eis bis gegen den 25. Es regnet kalt. Der Juni ist sehr fein, manchmal regnet es aber auch.

Regen kommt
Wenn man die Kirchenglocken besonders klar und laut hört.

Sommer

Der Sommer ist recht warm, doch spät und kurz. Öfter aber ist er kalt und bis nach Bartholomäus (24. August) nass. Ähnlich fängt auch der September an, der vom 7. bis 14. starken Reif und Frost mitbringt, im Übrigen bald feucht, bald schön und warm ist.

Notabene Wenn im vorletzten Venusjahr, welches zwei Jahre vor dem Lunarischen Jahr ist, der Sommer trocken war, so ist dieser ganz feucht, und es regnet täglich bis Ende August. Ist jener Sommer aber feucht gewesen, so ist dieser auf sechs bis sieben Wochen schön; besonders, wenn es im Frühling eine Sonnenfinsternis gab.

Herbst

Der Herbst ist kalt, anfänglich auch feucht und unbeständig. Vom 14. Oktober an wird es sehr kalt, und es friert beständig mit unterlaufendem Schnee und etwas Regen. Der November beginnt mit starkem Regen, danach gefriert es; nach der Monatsmitte wird das Wetter milde, gegen das Ende wintert es recht zu.

Schönes Wetter
kündigt sich an
Wenn weißer Nebel über Wiesen, Bäche und Teiche zieht.

Winter

Der Winter ist anfangs mittelmäßig kalt, danach ganz feucht und regnerisch. Der Dezember bringt bald Schnee, darauf große Güsse. Nach dem 20. ist es ziemlich kalt, doch trüb bis gegen den 12. Januar. Danach wird es etwas mild, dann kommt wieder eine Kälte bis zum 25., dem große Wassergüsse folgen. Es wird jetzt wieder kälter, dann fallen ab Anfang Februar wieder heftige Wassergüsse, denen viel Schnee und nach etlichen Tagen wieder heftige Regengüsse folgen. Der März ist anfänglich rau und kalt, danach sehr warm. An vielen Tagen ist er hell, kalt und rau. In diesem Winter sterben viele Schafe und Bienen.

Wind, Güsse und Ungewitter

Im Winter hat es große Winde und ungewöhnlich viele Regengüsse, im Frühling und Sommer hat es nicht viele schwere Ungewitter, doch etliche ohne merklichen Schaden.

Ratschläge für Haus und Hof

Sommerbau

Wenn dieses Jahr einen hitzigen Sommer hat, muss man sich mit der Saat der Sommerfrucht nicht verspäten, doch auch nicht mit Gewalt eilen, weil die Hitze spät an-

> **Was die Pflanzen sagen**
> Hängt die Birne fest am Stiel, bringt der Winter Kälte viel.

fängt. Die Gerste wie auch der Hafer geraten mindestens mittelmäßig, wie auch Wicken, Linsen und Erbsen und die Hirse, die im leichten Boden oft sehr wohl gerät. Sie darf nicht zu spät und nicht zu zeitig gesät werden. Kraut, Wirsing und Kohl fressen die Raben, von denen es eine ungewöhnliche Menge gibt. Die Raben fallen auch die weißen Rüben an, deren es ohnehin nicht viele sind. Das gilt für den Fall, wenn es in diesem Jahr einen warmen Sommer hat. Wenn der Mond ganz nass bis in den Herbst, gibt es viel Gerste, aber die Wicken faulen ab und werden nicht reif. Hanf und Flachs geraten gar schlecht und sind nichts nutz. Heu gibt es genug, aber wenig Grummet. Man soll sich mit Heu versehen, denn im nachfolgenden Jahr wächst gar wenig Heu, bisweilen gibt es auch wenig Sommerstroh. Und wenn auch viel Sommerbau wächst, so ist doch solches nicht zu genießen wegen der großen Nässe im August. Wenn nun der ganze Sommer kalt und nass gewesen ist, so wächst im künftigen Jahr wenig Heu, Sommer- und Winterbau. Deshalb muss man sich in diesem Jahr einen guten Vorrat an Heu und Stroh verschaffen.

Winterbau

Der Samen des Winterbaus und besonders der Kornsamen, wenn er im Herbst zeitig gesät worden und merklich groß ist, so soll er mit den Schafen abgehütet werden, sonst wird er zu feist und gibt an al-len Orten gar wenig, wird daher viel Stroh und wenig Körner. Regel: Wenn der Wei-zensame im Mai schön ist und zügig wächst, so wird dieses Jahr nichts daraus, denn er wird zu feist, lauter Unkraut und legt sich, nachmals gibt das Schock zwei oder drei Metzen.

Was die Tiere sagen
Tummeln sich die Haselmäuse,
ist es noch weit mit Winters Eise.

Herbstsaat

Im Herbst soll man säen, so zeitig es immer sein kann, wird dennoch wenig genug Samen aufgehen. Im kalten Winter wächst es gar we-nig, der Winter kommt gar zu zeitig darauf. Man lasse keine Schafe darauf gehen, sonst bleibt wenig oder gar nichts. Man soll allen Sa-men so viel es sich tun lässt untersäen, sonst wird er im Winter durch die vielen Regengüsse weggeschwemmt. Wenn der Winter-bau nicht zeitig gesät wird, so ist er im folgenden Jahr nicht gut ein-zubringen, da Anfang August das beständige Regenwetter anfängt.

Ein Unwetter zieht herauf
Auf dicke Wolken folgt schweres Wetter.

Obst

Äpfel und Zwetschgen gibt es an etlichen Orten im Überfluss, an anderen weniger, doch überall etwas, an allen Ort aber wenig Birnen. Kirschen gibt es genug, Weichseln wenig, welsche Nüsse genug, Haselnüsse wenig, keine Eicheln, aber viele Bucheckern, doch nicht immer.

Hopfen

Der Hopfen gerät mittelmäßig. Er leidet gewöhnlich Schaden, im Frühling durch den Wildtau und durch die Kiesel, welche beide sich mehr im Frühling als im Sommer zeigen. Wenn du willst, dass dir der Wildtau (wie auch größtenteils die Kiesel) am Hopfen keinen Schaden zufügen, so lass die ersten Reben, wenn sie fast noch nicht ganz ellenlang sind, alle hinwegschneiden. So wachsen andere etwas später nach. Dieser Hopfen wird besser, als wenn die ersten Reben bleiben. Im Saturn- und im Marsjahr wird es etwas weniger, doch ist es sicherer vor Kieseln und Wildtau.

Weinbau

Wein wird dies Jahr nicht viel – höchstens aber eher selten ein halber Herbst – und ist ein gemeiner Speisewein, gewöhnlich ziemlich sauer. Anno 1656 ist im Mondjahr noch ein ziemlich feiner Trunk gewachsen, aber sonst niemals. Und darf man auf das Septennium, welches 1650 angefangen und 1656 geendet worden, nicht gehen. Denn in keinen Historien ist zu finden, dass der Wein in sieben Jahren fünfmal, wie im genannten Septennium geschehen, geraten ist. Wenn er in jedem Septennium zweimal gerät, dass es guter Wein ist, wollen wir damit zufrieden sein. Im Herbst soll man zeitig lesen, denn es ist kein gutes Wetter zu hof-

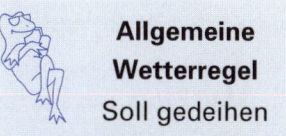

Allgemeine Wetterregel
Soll gedeihen
Korn und Wein,
muss der Juni trocken sein.

fen. Die Weinberge sind zeitig zu decken, in der Mitte Oktober hat das Decken ein Ende, darum soll man zuvorkommen. Wer bis in den Dezember warten will, bis es wiederum aufgeht, kann die Gefahr auf sich nehmen.

Ungeziefer

Das Mondjahr hat nicht viel Frösche, Kröten, Schlangen, Heuschrecken, aber ungewöhnlich viele Schmetterlinge, Raben, Würmer im Getreide und Mäuse vom Sommer bis in den Winter, die dem Getreide großen Schaden zufügen.

Fische

In Bächen und Flüssen gibt es übergenug Fische, große Mengen Lachsforellen.

Krankheiten

Im Herbst grassieren hitzige und tödliche Fieber, das ganze Jahr hindurch die anfallenden Krankheiten wie Gicht, Grimmen, Katarrhe, Weiberfluss, Milzsucht, Wassersucht, phlegmatische Erkrankungen und Verstopfung der Adern. Besonders aber Rotlauf, Seitenstechen und unerträgliches Reißen in den Lenden. Schafe und Bienen sterben in diesem Winter sehr dahin.

Die Partikularwitterung des Mondes

März Der 20. hat mit rauem Wetter und Sturmwinden angefangen und gewährt bis zum 29., den 30. Regen.

April Vom 1. bis zum 9. windig, trüb, Regen; 10. und 11. schöne warme Tage, 12. und 13. starker Regen, 14. bis 20. rau und kalt, 21. bis 25. schönes Wetter, etwas windig. 26. bis zum Ende des Monats Regen.

Mai Fängt mit herrlich schöner und warmer Zeit an. Bis zum 9. sehr große Hitze wie in den Hundstagen. 10. bis 13. Regen, 14. und 15. schöne Tage. 16. Regen, danach kalt. Den 23. viermal gehagelt und sehr kalt, den 24. Reif und Eis. 25. bis 27. stark geregnet, 28. und 29. kalt, 30. und 31. schön warm.

Juni Fängt mit herrlich schönem Wetter an bis zum 4., den 5. großer Nebel, am 6. starker Regen. Danach schönes warmes Wetter, zweimal mit ein wenig Regen vermischt. Am 27., 28. und 29. Regen, 30. sehr kalte Nacht.

Juli Er geht mit Nebel an, 2. bis 5. unbeständiges Wetter mit Regen, 7. bis 13. windig, kühl, bewölkt mit Sonnenschein. 14. großer Platzregen, danach schwül und schönes warmes Wetter bis 31., an dem es zwei Stunden lang geregnet.

August Bis zum 8. schön und sehr warm, 9., 10. und 11. Regen und trüb, 12. bis 20. große unleidliche Hitze, 22. bis 26. Regenwetter, 27. bis zum Ende schön und heiß.

> **Was der Mond verkündet**
> Reif bei Vollmond kündet an, dass bald Kälte kommen kann.

September Schön und warm bis zum 6. Am 7. früher Reif, dass das Gras gefroren ist. Es hat gewährt bis zum 13., da gab es Eis. Am 14. stark geregnet, am 15. und 16. schön. Am 17. ganzer Tag Regen, danach schön bis zum 21., von da an trüb und Regen bis zum Ende.

Oktober Unbeständig bis zum 13., vom 14. bis 22. sehr kalt und durchgehend hart gefroren in einem Stück. Am 23. und 24. wenig Regen und etwas gefroren, am 26., 27., 28. Regen und Schnee immerfort, am 29. und 30. kalt und gefroren. Am 31. Regen.

November Vom 1. bis 5. starker Regen, am 6. bis 20. hell und kalt, gefroren; am 12. gab es in der Früh Glatteis und abends Nebel. Am 21. bis 28. mild, am 29. gefriert es und wintert zu.

Dezember Am 1. kalt, am 3. Schnee, am 4. bis 10. viel und andauernd Regen, wie auch am 11. und 12., wo es Tag und Nacht stark geregnet. Am 13. bis 19. trüb ohne Regen und warm, am 20. fällt ziemlich Schnee. Vom 21. bis Ende des Monats ziemlich kalt und eher trüb.

Januar Das vorige Wetter dauert bis zum 11. Vom 12. bis 18. trüb, mild, weich, am 19. hart gefroren, danach hell und kalt bis zum 24. Am 25. fängt es an zu regnen, taut auf, am 27. und 28. große Regengüsse, danach bis zum Ende des Monats still und leidliche Kälte.

Februar Am 1. großer Wind, den 2. und 3. Regen und Güsse. Vom 4. bis 10. trüb und mild, bisweilen nieselt es. Am 12. und 13. grausamer Wind, am 14. starker Schneefall. Am 15. und 16. jagen Wind und Regen den Schnee hinfort. Vom 17. bis 19. trüb, warm, Wind, Regen. Den 20. und 21. zwei schöne Fastentage, 22. und 23. etwas rau und windig. Vom 24. an herrlich schöne Tage bis zum Ende des Monats.

März Vom 1. bis 5. rau, windig und ziemlich kalt. Den 6. nachmittags warm wie im Sommer. Das dauert bis zum 9. und 10., dann kalter Regen. Vom 11. bis 16. schöne Tage mit etwas Wind, vom 17. bis 24. allzeit früh gefroren, dabei hell und rau.

Zeit- und Festrechnung für das Mondjahr 1999

Das Mondjahr 1999 ist nach gregorianischer Zeitrechnung ein Gemeinjahr von 365 Tagen.

Januar – Wintermond 1999

				Lauf des Mondes
1. Freitag	**Neujahr**	Lostag		
2. Samstag	**Vollmond**	Schwendtag		
3. Sonntag		Schwendtag		
4. Montag		Schwendtag		
5. Dienstag				
6. Mittwoch	**Heilige Drei Könige**	Lostag		
7. Donnerstag				
8. Freitag				
9. Samstag				
10. Sonntag		Lostag		
11. Montag				
12. Dienstag				
13. Mittwoch				
14. Donnerstag				
15. Freitag		Lostag		
16. Samstag				
17. Sonntag	**Neumond**	Lostag		
18. Montag		Schwendtag		
19. Dienstag				
20. Mittwoch		Lostag		
21. Donnerstag		Lostag		
22. Freitag		Lostag		
23. Samstag				
24. Sonntag		Lostag		
25. Montag		Lostag		
26. Dienstag				
27. Mittwoch				
28. Donnerstag				
29. Freitag				
30. Samstag				
31. Sonntag	**Vollmond/Mondfinsternis**	Lostag		

Februar – Hornung 1999

1.	Montag		Schwendtag	♌
2.	Dienstag	**Mariä Lichtmess**	Lostag	♌
3.	Mittwoch		Schwendtag	♍
4.	Donnerstag			♍
5.	Freitag		Lostag	♎
6.	Samstag		Schwendtag	♎
7.	Sonntag			♏
8.	Montag		Schwendtag	♏
9.	Dienstag			♏
10.	Mittwoch			♐
11.	Donnerstag			♐
12.	Freitag			♑
13.	Samstag			♑
14.	Sonntag	**Valentinstag**	Lostag	♑
15.	Montag			♒
16.	Dienstag	**Neumond/Sonnenfinsternis**	Schwendtag	♒
17.	Mittwoch			♓
18.	Donnerstag			♓
19.	Freitag			♈
20.	Samstag			♈
21.	Sonntag			♉
22.	Montag		Lostag	♉
23.	Dienstag			♊
24.	Mittwoch		Lostag	♊
25.	Donnerstag			♏
26.	Freitag			♏
27.	Samstag			♏
28.	Sonntag			♌

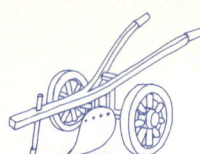

März – Saatmond 1999

			Lauf des Mondes
1. Montag		Lostag	
2. Dienstag	**Vollmond**		
3. Mittwoch		Lostag	
4. Donnerstag			
5. Freitag			
6. Samstag			
7. Sonntag			
8. Montag			
9. Dienstag		Lostag	
10. Mittwoch		Lostag	
11. Donnerstag			
12. Freitag		Lostag	
13. Samstag		Schwendtag	
14. Sonntag		Schwendtag	
15. Montag		Schwendtag	
16. Dienstag			
17. Mittwoch	**Neumond**	Lostag	
18. Donnerstag			
19. Freitag		Lostag	
20. Samstag			
21. Sonntag	**Frühlingsanfang**	Lostag	
22. Montag			
23. Dienstag			
24. Mittwoch			
25. Donnerstag		Lostag	
26. Freitag		Lostag	
27. Samstag		Lostag	
28. Sonntag			
29. Montag		Schwendtag	
30. Dienstag			
31. Mittwoch	**Vollmond**		

April – Ostermond 1999

				Lauf des Mondes
1.	Donnerstag	**Gründonnerstag**	Schwendtag	♎
2.	Freitag	**Karfreitag**	Lostag	♎
3.	Samstag			♏
4.	Sonntag	**Ostersonntag**	Lostag	♏
5.	Montag	**Ostermontag**	Lostag	♏
6.	Dienstag			♐
7.	Mittwoch			♐
8.	Donnerstag			♑
9.	Freitag			♑
10.	Samstag			♑
11.	Sonntag			♒
12.	Montag			♒
13.	Dienstag			♓
14.	Mittwoch		Lostag	♓
15.	Donnerstag			♈
16.	Freitag	**Neumond**		♈
17.	Samstag			♉
18.	Sonntag			♉
19.	Montag		Schwendtag	♊
20.	Dienstag			♊
21.	Mittwoch			♋
22.	Donnerstag			♋
23.	Freitag		Lostag	♌
24.	Samstag		Lostag	♌
25.	Sonntag		Lostag	♍
26.	Montag			♍
27.	Dienstag			♍
28.	Mittwoch		Lostag	♎
29.	Donnerstag			♎
30.	Freitag	**Vollmond**		♏

Mai – Wonnemond 1999

1.	Samstag			
2.	Sonntag			
3.	Montag		Schwendtag	
4.	Dienstag		Lostag	
5.	Mittwoch			
6.	Donnerstag			
7.	Freitag		Schwendtag	
8.	Samstag		Schwendtag	
9.	Sonntag			
10.	Montag		Schwendtag	
11.	Dienstag		Lostag	
12.	Mittwoch		Lostag	
13.	Donnerstag	**Christi Himmelfahrt**	Lostag	
14.	Freitag		Lostag	
15.	Samstag	**Neumond**	Lostag	
16.	Sonntag			
17.	Montag		Schwendtag	
18.	Dienstag			
19.	Mittwoch			
20.	Donnerstag			
21.	Freitag			
22.	Samstag			
23.	Sonntag	**Pfingstsonntag**		
24.	Montag	**Pfingstmontag**	Schwendtag	
25.	Dienstag		Lostag	
26.	Mittwoch			
27.	Donnerstag			
28.	Freitag			
29.	Samstag			
30.	Sonntag	**Vollmond**		
31.	Montag		Schwendtag	

Juni – Rosenmond 1999

			Lauf des Mondes
1. Dienstag		Schwendtag	
2. Mittwoch			
3. Donnerstag	**Fronleichnam**		
4. Freitag			
5. Samstag			
6. Sonntag			
7. Montag			
8. Dienstag		Lostag	
9. Mittwoch			
10. Donnerstag			
11. Freitag		Lostag	
12. Samstag			
13. Sonntag	**Neumond**		
14. Montag			
15. Dienstag		Lostag	
16. Mittwoch			
17. Donnerstag		Schwendtag	
18. Freitag			
19. Samstag		Lostag	
20. Sonntag			
21. Montag	**Sommersonnwende/Sommeranfang**		
22. Dienstag			
23. Mittwoch			
24. Donnerstag		Lostag	
25. Freitag			
26. Samstag			
27. Sonntag		Lostag	
28. Montag	**Vollmond**		
29. Dienstag		Lostag	
30. Mittwoch		Schwendtag	

Juli – Erntemond 1999

			Lauf des Mondes
1. *Donnerstag*			
2. *Freitag*		Lostag	
3. *Samstag*			
4. *Sonntag*		Lostag	
5. *Montag*		Schwendtag	
6. *Dienstag*		Schwendtag	
7. *Mittwoch*			
8. *Donnerstag*		Lostag	
9. *Freitag*			
10. *Samstag*		Lostag	
11. *Sonntag*			
12. *Montag*			
13. *Dienstag*	**Neumond**		
14. *Mittwoch*			
15. *Donnerstag*		Lostag	
16. *Freitag*			
17. *Samstag*		Lostag	
18. *Sonntag*			
19. *Montag*		Schwendtag	
20. *Dienstag*		Lostag	
21. *Mittwoch*			
22. *Donnerstag*		Schwendtag	
23. *Freitag*			
24. *Samstag*			
25. *Sonntag*		Lostag	
26. *Montag*		Lostag	
27. *Dienstag*			
28. *Mittwoch*	**Vollmond/Mondfinsternis**	Schwendtag	
29. *Donnerstag*			
30. *Freitag*			
31. *Samstag*			

August – Sommermond 1999

			Lauf des Mondes
1. Sonntag		Schwendtag	
2. Montag			
3. Dienstag			
4. Mittwoch		Lostag	
5. Donnerstag		Lostag	
6. Freitag			
7. Samstag	**Mondfinsternis**		
8. Sonntag			
9. Montag			
10. Dienstag		Lostag	
11. Mittwoch	**Neumond/Sonnenfinsternis**		
12. Donnerstag			
13. Freitag			
14. Samstag			
15. Sonntag	**Mariä Himmelfahrt**	Lostag	
16. Montag		Lostag	
17. Dienstag		Schwendtag	
18. Mittwoch			
19. Donnerstag		Lostag	
20. Freitag			
21. Samstag		Schwendtag	
22. Sonntag		Schwendtag	
23. Montag			
24. Dienstag			
25. Mittwoch			
26. Donnerstag	**Vollmond**		
27. Freitag			
28. Samstag		Lostag	
29. Sonntag		Schwendtag	
30. Montag			
31. Dienstag			

September – Herbstmond 1999

			Lauf des Mondes
1. Mittwoch		Lostag	
2. Donnerstag		Schwendtag	
3. Freitag			
4. Samstag			
5. Sonntag			
6. Montag			
7. Dienstag			
8. Mittwoch			
9. Donnerstag	**Neumond**	Lostag	
10. Freitag			
11. Samstag		Lostag	
12. Sonntag		Schwendtag	
13. Montag			
14. Dienstag		Lostag	
15. Mittwoch		Großer Schwendtag	
16. Donnerstag		Lostag	
17. Freitag		Lostag	
18. Samstag		Schwendtag	
19. Sonntag			
20. Montag			
21. Dienstag		Schwendtag	
22. Mittwoch		Schwendtag	
23. Donnerstag	**Herbstanfang**	Schwendtag	
24. Freitag		Schwendtag	
25. Samstag	**Vollmond**	Schwendtag	
26. Sonntag		Schwendtag	
27. Montag		Schwendtag	
28. Dienstag		Schwendtag	
29. Mittwoch		Lostag	
30. Donnerstag			

Oktober – Weinmond 1999

			Lauf des Mondes
1. Freitag			
2. Samstag		Lostag	
3. Sonntag		Schwendtag	
4. Montag			
5. Dienstag			
6. Mittwoch		Schwendtag	
7. Donnerstag			
8. Freitag		Lostag	
9. Samstag	Neumond	Lostag	
10. Sonntag			
11. Montag		Schwendtag	
12. Dienstag			
13. Mittwoch			
14. Donnerstag			
15. Freitag		Lostag	
16. Samstag		Lostag	
17. Sonntag			
18. Montag			
19. Dienstag			
20. Mittwoch			
21. Donnerstag		Lostag	
22. Freitag			
23. Samstag		Lostag	
24. Sonntag	Vollmond		
25. Montag			
26. Dienstag			
27. Mittwoch			
28. Donnerstag		Lostag	
29. Freitag			
30. Samstag			
31. Sonntag		Lostag	

November – Jagdmond 1999

			Lauf des Mondes
1. Montag	**Allerheiligen**	Lostag	
2. Dienstag		Lostag	
3. Mittwoch			
4. Donnerstag			
5. Freitag			
6. Samstag			
7. Sonntag			
8. Montag	**Neumond**		
9. Dienstag			
10. Mittwoch			
11. Donnerstag		Lostag	
12. Freitag		Schwendtag	
13. Samstag			
14. Sonntag			
15. Montag		Lostag	
16. Dienstag			
17. Mittwoch			
18. Donnerstag			
19. Freitag		Lostag	
20. Samstag			
21. Sonntag		Lostag	
22. Montag			
23. Dienstag	**Vollmond**	Lostag	
24. Mittwoch			
25. Donnerstag		Lostag	
26. Freitag			
27. Samstag			
28. Sonntag	**1. Advent**		
29. Montag			
30. Dienstag		Lostag	

50

Dezember – Christmond 1999

1. Mittwoch		Lostag	♋
2. Donnerstag		Lostag	♎
3. Freitag			♎
4. Samstag		Lostag	♎
5. Sonntag	2. Advent		♏
6. Montag	Nikolaus	Lostag	♏
7. Dienstag	Neumond		♐
8. Mittwoch		Lostag	♐
9. Donnerstag			♐
10. Freitag			♑
11. Samstag			♑
12. Sonntag	3. Advent		♒
13. Montag		Lostag	♒
14. Dienstag			♒
15. Mittwoch		Schwendtag	♓
16. Donnerstag			♓
17. Freitag			♈
18. Samstag			♈
19. Sonntag	4. Advent		♉
20. Montag			♉
21. Dienstag		Lostag	♊
22. Mittwoch	Vollmond/Winteranfang		♊
23. Donnerstag			♋
24. Freitag	Heiliger Abend	Lostag	♋
25. Samstag	Weihnachten	Lostag	♌
26. Sonntag	2. Weihnachtsfeiertag		♌
27. Montag			♒
28. Dienstag		Lostag	♒
29. Mittwoch			♒
30. Donnerstag			♎
31. Freitag	Silvester		♎

Das Saturnjahr
2000

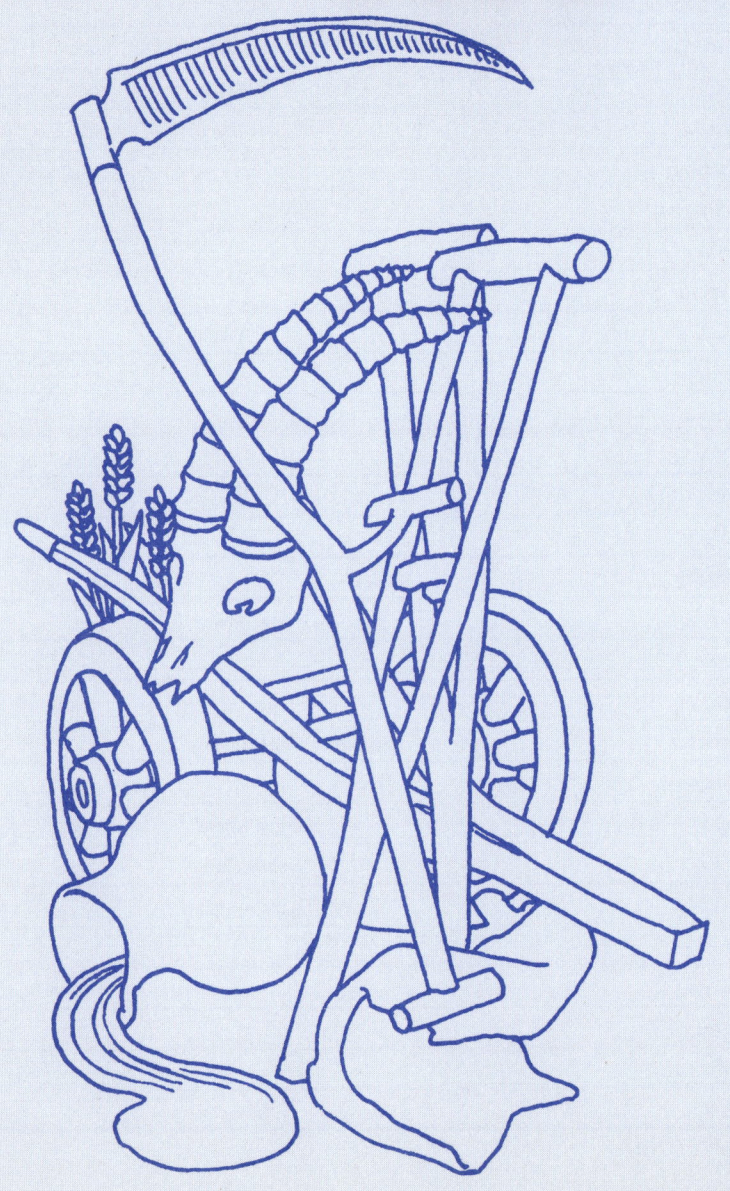

Original-Zitat

Saturn ist unter den Planeten der erste und höchste Planetenstern, an Farbe braun und bleich, von dunklem Licht, der unter den anderen Planeten, weil er auch von der Sonne am weitesten abliegt, am wenigsten gesehen wird. Er vollendet seinen Lauf alle dreißig Jahre nur einmal. Er ist von kalter Natur und ziemlich trocken, ja so kalt, dass etliche schreiben, wenn er so nahe bei der Erde stünde wie der Mond, dass allezeit Winter und nie Sommer wäre. Saturn ist ein männlicher, melancholischer, irdischer und böser Planet, welcher der menschlichen Natur feindlich und schädlich ist. Er ist auch langsam in seinen Wirkungen und wird daher »infortuna major« genannt. Er ist der Stern der alten Leute, der Väter, Ahnherrn und Urherrn, der Ackerleut, Bettler, Juden, Bergleut, Lederer, Hafner und anderer, die tiefsinnige Gedanken haben. Die Leute, die ihm untergeben und unter ihm geboren sind, macht er schwarz, braun, bleich und erdfarben, welche die Augen unter sich schlagen, sind am Leib mager, etwas krumm oder bucklig, haben kleine Augen, einen dünnen Bart, sind verzagt und schreckhaft, stillschweigend, abergläubisch, betrügerisch, geizig, traurig, arbeitsam, arm, verachtet, unglückselig, melancholisch, neidisch, hartnäckig, einsam, nachstellig, gefräßig. Er bringt mit sich Gefängnis, lange Krankheiten und heimliche Feinde. Unter den Gliedern des menschlichen Leibes hat er unter sich das rechte Ohr, die Milz, die Blase, die Beine und Zähne.

Sonnenfinsternisse

5. Februar	partiell; in Deutschland nicht sichtbar
1. Juli	partiell; in Deutschland nicht sichtbar
31. Juli	partiell; sichtbar in Mitteleuropa
25. Dezember	partiell; sichtbar in Mitteleuropa

Mondfinsternisse

21. Januar	total; nicht sichtbar
28. Juli	total; sichtbar

Das Wetter im Saturnjahr

Das Saturnjahr fängt an am 20. März, es ist ein kaltes und feuchtes Jahr. Obschon zu gewissen Zeiten ziemlich trocken, ist es doch meistens, besonders im August und Herbst, mit Regen angefüllt und daher ein kaltes, ungeschlachtes Jahr.

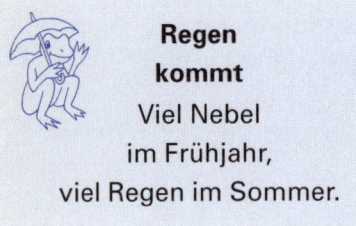

Regen kommt
Viel Nebel
im Frühjahr,
viel Regen im Sommer.

Frühling

Der Frühling ist ganz trocken und bis in den Mai hinein sehr kalt. Denn wenn auch der April anfänglich sich etwas zur Wärme anlässt, so fällt doch wieder Kälte ein bis in den Mai, in welchem die Tage schön, die Nächte aber kalt sind und daher große Dürre entsteht. Bisweilen gibt es einen Wetterregen, aber auch schädlichen Reif. Zum Ende zu zeigt sich ein ziemlich annehmliches und warmes Wetter, mit Regen vermischt. Gras und Blumen kommen spät.

Sommer

Der Sommer ist meistenteils kalt, und der August alle Zeit für ein paar Wochen mit stetigem Regenwetter versehen und daher unfruchtbar. Doch ist der Heumonat, der Monat Juli, über die Hälfte sehr warm und schön, im Übrigen aber feucht. Sturmwind und Platzregen gibt es besonders dann, wenn der vorhergehende lunarische Sommer warm gewesen ist. Das Getreide ist mit großer Vorsicht einzubringen. Man kann es sich keinesfalls erlauben auch nur einen Feiertag auszulassen.

Allgemeine Wetterregel
Warmer, feuchter
Herbst, langer Winter –
heller Herbst, windiger Winter.

Herbst

Der Herbst ist auch sehr kalt und feucht, es gefriert zeitig und doch folgt bald wieder großes Regenwetter. Wenn die Hälfte des Oktobers vorüber ist, fängt große Kälte an. Im November ist es feucht und ziemlich warm.

Winter

Der Winter ist anfänglich feucht mit Regen und großen Güssen. Gegen den 20. Dezember wintert es zu – mit viel Schnee und Kälte, bis in den April hinein. Daher sollte man sich mit genügend Futter für die Schafe versehen, weil sie in diesem Winter nicht ausgetrieben werden können. Ebenso soll man sich auch mit Holz gut eindecken und solches zeitig herbeischaffen lassen.

Wind, Güsse und Ungewitter

Es hat zwei- oder dreimal im Jahr große Winde, starken Regen und viel Güsse, vor allem im Herbst und ausgehenden Sommer, wenn der vorige Sommer warm gewesen ist. Viele Ungewitter mit Donner und Blitz

Ein Unwetter zieht herauf
Ein Gewitter kündigt sich an, wenn die Katze gähnt.

wird es außer im Frühjahr nicht geben, dann hagelt es. Ansonsten sind die Gewitter im Sommer ungefährlich.

Ratschläge für Haus und Hof

Sommerbau

Weil der Frühling kalt und ungeschlacht ist und vor dem Heumonat sich keine beständige Wärme zeigt, darf man sich mit der Frühlingssaat so sehr nicht eilen, doch sich auch nicht verspäten. Die Mittelsaat ist die beste, die späte die schlechteste. Alles soll untersät werden. Wenn der letzte Sommer kalt und feucht gewesen ist, so gibt es wenig Gerste und Hafer in diesem Jahr. Wenn er aber warm gewesen, so gerät die Gerste sehr wohl. Es kommt aber darauf an, wie man sie hereinbringt. Wegen des kontinuierlichen Regens werden viele Feldfrüchte auswachsen. Kraut und Wirsing verfaulen zeitig oder machen wenig oder gar keine Köpfe. Rüben, gelbe sowohl als weiße, geraten wohl. Flachs und Hanf sind unterschiedlich, an manchen Orten schlecht. Heu wächst nicht viel. Man muss allen Fleiß anwenden, dass es, obschon kurz und wenig, doch beizeiten gemäht und im schönen Juli zeitig hereingebracht werde, sonst ist es zu spät.

Es wächst viel Grummet, welches aber wegen der Nässe schwer einzubringen sein wird. Wer fettes Vieh will, kann es abhüten lassen.

Notabene In diesem und dem folgenden Jahr soll man, wenn es sein kann, an Heu und Stroh einen Vorrat schaffen, denn die darauf folgenden Jahre unter Mars und Sonne wächst wenig Heu, Gerste und Hafer.

> **Ein Unwetter zieht herauf**
> Wenn es blitzt von Westen her,
> deutet's auf Gewitter schwer.
> Kommt von Norden her der Blitz,
> deutet es auf große Hitz'.

Winterbau

Der Winterbau ist ziemlich spärlich und ist daher dem Sommerbau nicht allzeit gleich. Man soll seine Schafe weder im Winter noch im Frühling über die Felder treiben, sonst wächst gar wenig Winterbau. Zu dessen Einbringung als auch anderer Sommerfrüchte muss man die Feiertage zu abends mitnehmen, damit auf dem Feld nicht zu viel auswachse und verderbe. Es soll zeitig geschnitten werden, weil im August das nasse Wetter einfällt und allezeit etwas an der Gerste und auch an spätem Korn auswächst.

Herbstsaat

Im Herbst soll man Korn und Weizen zeitig säen, denn der Same wächst gar langsam, ob es regnet oder trocken ist. Man soll im Herbst wie im vergangenen Frühling keine Schafe auf den Samen treiben, denn der Winterbau wächst dieses Jahr nicht recht fort.

> **Allgemeine Wetterregel**
> Sommers Höhenrauch in Menge ist Vorbote großer Winterstrenge.

Obst

Es wächst in diesem Jahr wenig Obst und Zwetschgen, es gibt auch kaum Nüsse und Eicheln, jedoch mehr als Obst. Kirschen sind es auch nicht sehr viel.

Hopfen

Der Hopfen wird gewöhnlich im Frühling vom Hagel erschlagen, gerät auch sonst nicht besonders gut. Was wächst, hat wenig Kraft.

Weinbau

Der Weinstock lässt sich im Frühling gewöhnlich gut an, dann wird aber wenig daraus, und gewöhnlich fällt er zum größten Teil in der Blüte ab. Ob nun aber viel oder wenig Trauben daran bleiben, so wird er doch nicht zeitig und daher ist nichts als ein saurer Trunk zu erwarten: Entweder wird er wegen der Nässe nichts oder erfriert um Michaelis. Man soll im Herbst zeitig lesen, denn es erfriert sonst alles. Aber mit dem Decken soll man sich nicht eilen, denn obwohl es schon zeitig im Oktober zufriert, so geht es doch danach wieder auf und wintert vor dem halben Dezember nicht zu. Daher, wenn zu zeitig gedeckt würde, so müssten die Reben in dem nassen Erdreich faulen und Schaden leiden.

Schönes Wetter kündigt sich an
Schönes Wetter wird es, wenn sich bei Ostwind im Osten keine Wolken zeigen.

Ungeziefer

In diesem Jahr gibt es nicht viel Schlangen und Kröten, doch im Winter viele Mäuse. Das Getreide ist weniger von Würmern heimgesucht, wie zu anderen Jahren, und die Weißen (Raupen) werden im darauf folgenden Winter durch die große Kälte alle getötet.

Fische

Lachsforellen gibt es in diesem Jahr nicht so viel wie sonst in etlichen Jahren, doch ziemlich, was man notwendig braucht. Es gibt sonst nicht viel Fische während des Sommers, im Herbst etwas mehr, jedoch auch keinen Überfluss.

Krankheiten

Gegen Ende des Sommers wie auch im Herbst gibt es viele gefährliche Krankheiten, die fast einer Pest gleichkommen: tödliches Fieber, Durchfall oder weiße

Ruhr, Katarrhe, Zipperlein, Aussatz, Krätze, Schlaganfall, Schwindsucht, viertägiges Fieber, schwarze Gelbsucht, Grimmen im Leib, Wassersucht, Husten und dergleichen Krankheiten mehr, die von kalten Flüssen verursacht werden. Die Blattern regieren im Frühling bei den Kindern, von denen viele die Welt segnen. An verschiedenen Orten werden auch die Tiere krank.

> **Regen kommt**
> Wenn der Wind
> kommt vor Regen,
> ist wenig daran gelegen,
> kommt aber Regen vor Wind,
> zieh' die Segel ein geschwind.

Die Partikularwitterung des Saturn

März Ist vom 21. bis zum Ende rau, gefroren und täglich kälter, am 29. und 30. fällt Schnee, es ist kalt.

April Ist bis 3. sehr kalt, am 4. ist ein schöner, warmer, heller Tag. Vom 5. bis 8. ist es trüb mit Regen, vom 9. bis 16. sehr kalt, hell und windig, am 17. ziemlich viel Regen. Der 18., 19., 20. sind sehr rau und kalt, der 21. wird warm und schwül. Am 22., 23., 24. ist es trüb, warm, es gibt Regen mit Sonnenschein. Am 25., 26., 27. ist schön und schwül, am 28. regnet es, danach ist es schön warm.

Mai Am 1. Donner und Regen, am 2. ist es morgens kalt, sonst schön. Am 3. Donner und Platzregen, am 4. ist es unstet und kühl. Am 5. morgens großer Reif, der Tag ist hell und kühl. Vom 6. bis 25. ist es schön, nachts kühl, am Tag sehr warm, große Dürre. Der 26. ist rau, der 27., 28., 29. trüb mit Regen. Am 30. starker schädlicher Reif, am 31. sehr windig, abends Regen.

> **Was der Mond
> verkündet**
> Gewitter im Apri
> im Mond im Stier,
> das Korn wird gut, die Gerste
> Schaden leidet.

Juni Vom 1. bis 3. sehr rau und kalt, am 4., 5. kalter Regen. Am 6., 7., 8. warmer Regen mit Sonnenschein, am 9. und 10. schön, vom 11. bis 15. schwül mit Regen. Am 16. und 18. Donner und Platzregen. Am 19. und 20. schön warm und feucht, die Sonne scheint. Vom 21. bis 25. Regen, am 26. und 27. herrlich schön. Am 29. ist es herrlich schön, am 30. trüb.

Juli Der 1. ist trüb und rau, am 2. regnet es. Vom 3. bis 9. große Hitze und schön. Am 9. nachts zwei Ungewitter und langer, schwerer Platzregen. Am 10. starker Regen, vom 11. bis 27. große Hitze ohne Regen, am 28. langer und starker Regen, auch am 30. und 31. kommt es zum Regnen.

August Am 1. ist es trüb mit wenig Regen. Am 2., 3., 4. herrlich schön, nachts jedoch kühl. Am 5. ein Gewitter mit Donner und Platzregen, am 6. ziemlich schön, vom 7. bis 13. täglich Regen. Der 14., 15., 16. wieder schön, am 17. Donner, Sturmwind und Platzregen. Vom 18. bis zum Ende des Monats durchgehend starkes Regenwetter, das Getreide wächst auf dem Feld, und das Stroh verfault.

> **Was die Tiere sagen**
> Wenn der Maulwurf besonders reichlich aufwirft, wird schlechtes Wetter.

September Vom 1. bis 8. wird es herrlich schön, am 9. nach Mitternacht ein schreckliches Wetter. Am 10. und 11. wolkig mit Regen, am 12. schön, am 13. Regen, am 14. schön warm. Am 15., 16. und 17. starkes Regenwetter, vom 18. bis 23. ist es hell, nachts kalt. Vom 24. bis 29. fällt Regen, am 30. aufgehellt.

Oktober Am 1., 2., 3. hell, windig, morgens hart gefroren. Am 4. Regen, am 5. warm und Gewitter. Am 6. und 7. achtundvierzig Stunden lang unaufhörlich Regengüsse. Am 8., 9., 10., 11. ist es wolkig ohne Regen, am 12., 13. gibt es Reif und es friert. Am 14. ist es hell und warm, am 15. wolkig. Vom 16. bis 26. ist es wolkig ohne Frost,

> **Was die Pflanzen sagen**
> Ist die Heide mit Knospen übersät und blüht bis in die Spitze, gibt es einen strengen Winter, blüht sie nur an den unteren Stengelabschnitten, ist zeitiger Winter zu erwarten, blüht sie in der Mitte, fällt der Hauptwinter nach Weihnachten, blüht sie nur an den Spitzen, folgt später Winter.

am 28. hat es am Morgen Nebel, nachts ist es sehr kalt wie im Winter mit Sturmwind. So bleibt es bis zum Ende des Monats, dann gibt es dickes Eis.

November Am 1. ist es hell und klar, am 2., 3. fällt Regen, vom 4. bis 7. feines Wetter. Vom 8. bis 11. Regen, vom 16. bis 21. täglich Wind und Regen. Am 21. ist es hart gefroren, am 22. morgens kalt, am 23. wieder Regen. Der 24. ist ein schöner, lustiger Herbsttag. Am 25. ist es tags schön, nachts regnet es, wie auch am 26. und 27. Am 28. und 29. schönes Wetter, am 30. ist es windig.

Schönes Wetter kündigt sich an
Auf gut Wetter vertrau'
beginnt der Tag
nebelgrau.

Dezember Am 1. Regen und Schnee, am 2. Schnee, am 4. hellt es sich auf. Am 5. regnet es den ganzen Tag und schwemmt den Schnee hinweg. Am 6., 7., 8. ist es warm und trüb, am 9. fällt starker Regen. Der 10. ist ein herrlich schöner, warmer Frühlingstag, der 11. windig, am 12. gibt es starke Regengüsse. Vom 15. bis 18. ist es trüb, am 19. hell und gefroren. Es wintert wieder zu. Vom 19. bis 29. ist es hell, still, sehr kalt ohne Schnee. Am 30. und 31. morgens Nebel, danach trüb.

Januar Vom 1. bis 4. trüb und mittelkalt, am 5. Schnee und Regen, der Schnee bleibt liegen. Am 6. wenig Schnee, am 7., 8., 9. ist es trüb, dann schneit es am 10. wieder. Der 11., 12. sind windig und trüb. Am 13. fällt Schnee, am 14., 15., 16. ist es trüb und mittelkalt. Am 17. hell, am 18., 19. nicht so kalt. Am 20. grimmige Kälte, am 21. und 22. Wind und Schnee. Der 23. und 24. sind hell und sehr kalt. Am 25. und 26. unerhörte Kälte, am 27. bis 30. Schnee und sehr windig. Am 31. übergrimmige Kälte.

Februar Am 1., 2., 3., 4. sehr kalt. Am 5. und 6. Schnee, nachts ist es kalt. Am 7. wird es kälter denn je, und in allen Kellern gefriert es. Es bleibt sehr kalt bis zum 8. Der 9. übertrifft alle anderen Tage mit Kälte. Es sind viele Menschen, Vieh und Vögel erfroren, besonders fast alle Amseln. Der 10. ist etwas milder, doch grimmig kalt. Am 11., 12., 13. starker Wind und Schnee, doch sehr kalt. Der 14. ist trüb, am 15., 16. fällt ziemlich viel Schnee. Am 17. trüb, mild, nur noch wenig Schnee. Nachts ist es kalt. Am 18. trüb, am 19. warm und

Regen kommt
Wenn der Ruß
an der Pfanne brennt,
gibt es Regen.

fein. Vom 20. bis 27. regnet es, der Schnee taut größtenteils auf. Am 28. dieses Monats gab es etwas Bemerkenswertes: Morgens gab es eine kleine Morgenröte und ein wenig Frost, um 10 Uhr kam ein Platzregen runter, zwischen 11 und 12 Uhr war normales Wetter. Danach donnerte es nacheinander siebenmal, ein einziges Mal wetterleuchtete es. Ungefähr drei Vaterunser lang hagelte es Körner, groß wie welsche Nüsse. Einige Minuten lang regnete es, dann war alles wieder still. Es kam auch kein Wind mehr auf, am Abend schien wieder die Sonne, es war windig und ziemlich kalt. Als es dunkel werden wollte, donnerte es wieder, es kam Sturmwind auf, Platzregen und leichter Hagelschlag. In der Nacht starker Regen, vermischt mit Schnee und ständigem Wind. So endete der Monat Februar.

März Am 1. starker Wind, früh Schnee, abends Regen und Schnee. Am 2. und 3. schöner Sonnenschein, vom 4. bis 7. Regen, am 8. trüb und windig. Der 9. ist warm, nachts fällt

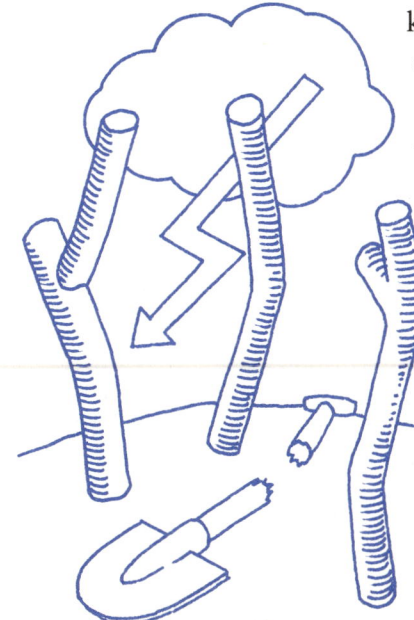

> **Allgemeine Wetterregel**
> Woher im Frühjahr die ersten Wetter ziehen, ziehen alle folgenden des Sommers.

kalter Regen. Am 10. fällt Schnee, am 11. ist es rau, am 12., 13. schön, aber morgens ist es hart gefroren. Am 14. Graupelschauer, am 15. und 16. hell und kalt. Der 17. ist windig mit sehr scharfer Luft ebenso wie der 18. Der 19. und 20. sind sehr kalt, es schneit heftig und ist sehr windig.

Zeit- und Festrechnung für das Saturnjahr 2000

Das Saturnjahr 2000 ist nach gregorianischer Zeitrechnung ein Schaltjahr von 366 Tagen.

Januar – Wintermond 2000

				Lauf des Mondes
1.	Samstag	**Neujahr**	Lostag	
2.	Sonntag		Schwendtag	
3.	Montag		Schwendtag	
4.	Dienstag		Schwendtag	
5.	Mittwoch			
6.	Donnerstag	**Heilige Drei Könige/Neumond**	Lostag	
7.	Freitag			
8.	Samstag			
9.	Sonntag			
10.	Montag		Lostag	
11.	Dienstag			
12.	Mittwoch			
13.	Donnerstag			
14.	Freitag			
15.	Samstag		Lostag	
16.	Sonntag			
17.	Montag		Lostag	
18.	Dienstag		Schwendtag	
19.	Mittwoch			
20.	Donnerstag		Lostag	
21.	Freitag	**Vollmond/Mondfinsternis**	Lostag	
22.	Samstag		Lostag	
23.	Sonntag			
24.	Montag		Lostag	
25.	Dienstag		Lostag	
26.	Mittwoch			
27.	Donnerstag			
28.	Freitag			
29.	Samstag			
30.	Sonntag			
31.	Montag		Lostag	

62

Februar – Hornung 2000

				Lauf des Mondes
1.	Dienstag		Schwendtag	
2.	Mittwoch	**Mariä Lichtmess**	Lostag	
3.	Donnerstag		Schwendtag	
4.	Freitag			
5.	Samstag	**Neumond/Sonnenfinsternis**	Lostag	
6.	Sonntag		Schwendtag	
7.	Montag			
8.	Dienstag		Schwendtag	
9.	Mittwoch			
10.	Donnerstag			
11.	Freitag			
12.	Samstag			
13.	Sonntag			
14.	Montag	**Valentinstag**	Lostag	
15.	Dienstag			
16.	Mittwoch		Schwendtag	
17.	Donnerstag			
18.	Freitag			
19.	Samstag	**Vollmond**		
20.	Sonntag			
21.	Montag			
22.	Dienstag		Lostag	
23.	Mittwoch			
24.	Donnerstag		Lostag	
25.	Freitag			
26.	Samstag			
27.	Sonntag			
28.	Montag			
29.	Dienstag	**Schalttag**		

März – Saatmond 2000

		Lauf des Mondes
1. Mittwoch	Lostag	
2. Donnerstag		
3. Freitag	Lostag	
4. Samstag		
5. Sonntag		
6. Montag	**Neumond**	
7. Dienstag		
8. Mittwoch		
9. Donnerstag	Lostag	
10. Freitag	Lostag	
11. Samstag		
12. Sonntag	Lostag	
13. Montag	Schwendtag	
14. Dienstag	Schwendtag	
15. Mittwoch	Schwendtag	
16. Donnerstag		
17. Freitag	Lostag	
18. Samstag		
19. Sonntag	Lostag	
20. Montag	**Vollmond/Frühlingsanfang**	
21. Dienstag	Lostag	
22. Mittwoch		
23. Donnerstag		
24. Freitag		
25. Samstag	Lostag	
26. Sonntag	Lostag	
27. Montag	Lostag	
28. Dienstag		
29. Mittwoch	Schwendtag	
30. Donnerstag		
31. Freitag		

April – Ostermond 2000

				Lauf des Mondes
1.	Samstag			
2.	Sonntag		Lostag	
3.	Montag			
4.	Dienstag	**Neumond**	Lostag	
5.	Mittwoch			
6.	Donnerstag			
7.	Freitag			
8.	Samstag			
9.	Sonntag			
10.	Montag			
11.	Dienstag			
12.	Mittwoch			
13.	Donnerstag			
14.	Freitag		Lostag	
15.	Samstag			
16.	Sonntag			
17.	Montag			
18.	Dienstag			
19.	Mittwoch		Schwendtag	
20.	Donnerstag	**Gründonnerstag**	Schwendtag	
21.	Freitag	**Karfreitag**		
22.	Samstag	**Vollmond**		
23.	Sonntag	**Ostersonntag**	Lostag	
24.	Montag	**Ostermontag**	Lostag	
25.	Dienstag		Lostag	
26.	Mittwoch			
27.	Donnerstag			
28.	Freitag		Lostag	
29.	Samstag			
30.	Sonntag			

Mai – Wonnemond 2000

			Lauf des Mondes
1. Montag			
2. Dienstag			
3. Mittwoch		Schwendtag	
4. Donnerstag	Neumond	Lostag	
5. Freitag			
6. Samstag			
7. Sonntag		Schwendtag	
8. Montag		Schwendtag	
9. Dienstag			
10. Mittwoch		Schwendtag	
11. Donnerstag		Lostag	
12. Freitag		Lostag	
13. Samstag		Lostag	
14. Sonntag		Lostag	
15. Montag		Lostag	
16. Dienstag			
17. Mittwoch		Schwendtag	
18. Donnerstag	Vollmond		
19. Freitag			
20. Samstag			
21. Sonntag			
22. Montag			
23. Dienstag			
24. Mittwoch			
25. Donnerstag		Lostag	
26. Freitag			
27. Samstag			
28. Sonntag			
29. Montag			
30. Dienstag			
31. Mittwoch		Schwendtag	

Juni – Rosenmond 2000

				Lauf des Mondes
1.	Donnerstag	**Christi Himmelfahrt**	Schwendtag	
2.	Freitag	**Neumond**		
3.	Samstag			
4.	Sonntag			
5.	Montag			
6.	Dienstag			
7.	Mittwoch			
8.	Donnerstag		Lostag	
9.	Freitag			
10.	Samstag			
11.	Sonntag	**Pfingstsonntag**	Lostag	
12.	Montag	**Pfingstmontag**	Schwendtag	
13.	Dienstag			
14.	Mittwoch			
15.	Donnerstag		Lostag	
16.	Freitag	**Vollmond**		
17.	Samstag		Schwendtag	
18.	Sonntag			
19.	Montag		Lostag	
20.	Dienstag			
21.	Mittwoch	**Sommeranfang**		
22.	Donnerstag	**Fronleichnam**		
23.	Freitag			
24.	Samstag		Lostag	
25.	Sonntag			
26.	Montag			
27.	Dienstag		Lostag	
28.	Mittwoch			
29.	Donnerstag		Lostag	
30.	Freitag		Schwendtag	

Juli – Erntemond 2000

1. *Samstag*	**Neumond/Sonnenfinsternis**		♊
2. *Sonntag*		Lostag	♋
3. *Montag*			♋
4. *Dienstag*		Lostag	♌
5. *Mittwoch*		Schwendtag	♌
6. *Donnerstag*		Schwendtag	♍
7. *Freitag*			♍
8. *Samstag*		Lostag	♎
9. *Sonntag*			♎
10. *Montag*		Lostag	♏
11. *Dienstag*			♏
12. *Mittwoch*			♏
13. *Donnerstag*			♐
14. *Freitag*			♐
15. *Samstag*		Lostag	♑
16. *Sonntag*	**Vollmond/Mondfinsternis**		♑
17. *Montag*		Lostag	♑
18. *Dienstag*			♒
19. *Mittwoch*		Schwendtag	♒
20. *Donnerstag*		Lostag	♓
21. *Freitag*			♓
22. *Samstag*		Schwendtag	♓
23. *Sonntag*			♈
24. *Montag*			♈
25. *Dienstag*		Lostag	♉
26. *Mittwoch*		Lostag	♉
27. *Donnerstag*			♊
28. *Freitag*		Schwendtag	♊
29. *Samstag*			♋
30. *Sonntag*			♋
31. *Montag*	**Neumond/Sonnenfinsternis**		♌

August – Sommermond 2000

			Lauf des Mondes
1. Dienstag		Schwendtag	
2. Mittwoch			
3. Donnerstag			
4. Freitag		Lostag	
5. Samstag		Lostag	
6. Sonntag			
7. Montag			
8. Dienstag			
9. Mittwoch			
10. Donnerstag		Lostag	
11. Freitag			
12. Samstag			
13. Sonntag			
14. Montag			
15. Dienstag	**Mariä Himmelfahrt/Vollmond**	Lostag	
16. Mittwoch		Lostag	
17. Donnerstag		Schwendtag	
18. Freitag			
19. Samstag		Lostag	
20. Sonntag			
21. Montag		Schwendtag	
22. Dienstag		Schwendtag	
23. Mittwoch			
24. Donnerstag			
25. Freitag			
26. Samstag			
27. Sonntag			
28. Montag		Lostag	
29. Dienstag	**Neumond**	Schwendtag	
30. Mittwoch			
31. Donnerstag			

September – Herbstmond 2000

			Lauf des Mondes
1. Freitag		Lostag	♎
2. Samstag		Schwendtag	♎
3. Sonntag			♏
4. Montag			♏
5. Dienstag			♐
6. Mittwoch			♐
7. Donnerstag			♐
8. Freitag			♑
9. Samstag		Lostag	♑
10. Sonntag			♒
11. Montag		Lostag	♒
12. Dienstag		Schwendtag	♒
13. Mittwoch	**Vollmond**		♓
14. Donnerstag		Lostag	♓
15. Freitag		Großer Schwendtag	♈
16. Samstag		Lostag	♈
17. Sonntag		Lostag	♉
18. Montag		Schwendtag	♉
19. Dienstag			♉
20. Mittwoch			♊
21. Donnerstag	**Herbstanfang**	Schwendtag	♊
22. Freitag		Schwendtag	♋
23. Samstag		Schwendtag	♋
24. Sonntag		Schwendtag	♌
25. Montag		Schwendtag	♌
26. Dienstag		Schwendtag	♍
27. Mittwoch	**Neumond**	Schwendtag	♍
28. Donnerstag		Schwendtag	♎
29. Freitag		Lostag	♎
30. Samstag			♏

Oktober – Weinmond 2000

			Lauf des Mondes
1. Sonntag			
2. Montag		Lostag	
3. Dienstag		Schwendtag	
4. Mittwoch			
5. Donnerstag			
6. Freitag		Schwendtag	
7. Samstag			
8. Sonntag		Lostag	
9. Montag		Lostag	
10. Dienstag			
11. Mittwoch		Schwendtag	
12. Donnerstag			
13. Freitag	**Vollmond**		
14. Samstag			
15. Sonntag		Lostag	
16. Montag		Lostag	
17. Dienstag			
18. Mittwoch			
19. Donnerstag			
20. Freitag			
21. Samstag		Lostag	
22. Sonntag			
23. Montag		Lostag	
24. Dienstag			
25. Mittwoch			
26. Donnerstag			
27. Freitag	**Neumond**		
28. Samstag		Lostag	
29. Sonntag			
30. Montag			
31. Dienstag		Lostag	

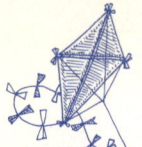

November – Jagdmond 2000

				Lauf des Mondes
1.	Mittwoch	**Allerheiligen**	Lostag	
2.	Donnerstag		Lostag	
3.	Freitag			
4.	Samstag			
5.	Sonntag			
6.	Montag			
7.	Dienstag			
8.	Mittwoch			
9.	Donnerstag			
10.	Freitag			
11.	Samstag	**Vollmond**	Lostag	
12.	Sonntag		Schwendtag	
13.	Montag			
14.	Dienstag			
15.	Mittwoch		Lostag	
16.	Donnerstag			
17.	Freitag			
18.	Samstag			
19.	Sonntag		Lostag	
20.	Montag			
21.	Dienstag		Lostag	
22.	Mittwoch			
23.	Donnerstag		Lostag	
24.	Freitag			
25.	Samstag	**Neumond**	Lostag	
26.	Sonntag			
27.	Montag			
28.	Dienstag			
29.	Mittwoch			
30.	Donnerstag		Lostag	

Dezember – Christmond 2000

				Lauf des Mondes
1.	Freitag		Lostag	
2.	Samstag		Lostag	
3.	Sonntag	**1. Advent**		
4.	Montag		Lostag	
5.	Dienstag			
6.	Mittwoch	**Nikolaus**	Lostag	
7.	Donnerstag			
8.	Freitag		Lostag	
9.	Samstag			
10.	Sonntag	**2. Advent**		
11.	Montag	**Vollmond**		
12.	Dienstag			
13.	Mittwoch		Lostag	
14.	Donnerstag			
15.	Freitag		Schwendtag	
16.	Samstag			
17.	Sonntag	**3. Advent**		
18.	Montag			
19.	Dienstag			
20.	Mittwoch			
21.	Donnerstag	**Winteranfang**	Lostag	
22.	Freitag			
23.	Samstag			
24.	Sonntag	**Heiliger Abend**	Lostag	
25.	Montag	**Weihnachten/Neumond/Sonnenfinsternis**	Lostag	
26.	Dienstag			
27.	Mittwoch			
28.	Donnerstag		Lostag	
29.	Freitag			
30.	Samstag			
31.	Sonntag	**Silvester**		

Das Jupiterjahr
2001

Original-Zitat

Jupiter ist der nächste Planetenstern nach dem Saturn. Groß an Gestalt, schön und klar, vollendet er seinen Lauf alle zwölf Jahre einmal. Seine Natur ist warm und feucht, mittelmäßig sanguinisch und lüftig. Er ist ein männlicher und der menschlichen Natur geneigter und freundlicher Stern, »fortuna major« genannt, macht weiße, schöne und wohlgestaltete Leut, von gutem Gemüt, verständig in ihren Werken, gerecht, freigebig, reich, treu und glücklich. Jupiter bedeutet aber auch Hoffart, die Sucht nach Reichtum, Ehr und Lob. Er ist der Stern der Kinder, Kardinäle, Prälaten, Richter und Vorsteher. Im menschlichen Leib herrscht er über die Lunge, Leber, das Knochengerüst, Knorpel, Pulsader und menschlichen Samen.

Sonnenfinsternisse

21. Juni	total; in Deutschland nicht sichtbar
14. Dezember	ringförmig; in Deutschland nicht sichtbar

Mondfinsternisse

9. Januar	total; sichtbar
5. Juli	partiell; nicht sichtbar
30. Dezember	Halbschatten; sichtbar

Das Wetter im Jupiterjahr

Das Jupiterjahr ist ein ziemlich warmes und mehr feuchtes als trockenes Jahr. Weil aber der Saturn, sein Vorfahr, mit seinem langwierigen Winter und grimmiger Kälte im Frühling lang anhält, gibt es ein spätes Jahr, obschon Jupiter zu aller Fruchtbarkeit geneigt ist, dass also manchmal in diesem Jahr alle Früchte drei Wochen später als sonst in anderen Jahren heranreifen.

Frühling

Der Frühling ist bis in den Mai kalt und feucht, in der Mitte zehn oder zwölf Tage wohl temperiert und angenehm, danach aber bis zum Ende kalt und feucht.

Sommer

Der Sommer ist anfänglich kalt und feucht, in der Mitte warm und gut, mit vielen Donnerwettern vermischt, zu Ende ganz heiß. Wenn es im Jupiterjahr einen dürren Sommer gibt, welches in 28 Jahren einmal geschieht, so wird darauf das Getreide teuer. Es kommt aber nie ein dürrer Sommer, es sei denn, wenn im Februar, März, April oder Mai eine Sonnenfinsternis zu sehen war.

Herbst

Der Herbst ist durch und durch feucht und mit stetigem Regen angefüllt. Anders wird es, wenn zuvor eine Sonnenfinsternis gewesen.

Winter

Der Winter ist anfänglich wenige Tage ganz kalt und hat viel Schnee. Danach ist es bis zum Ende mild und ohne Schnee, doch mit vielen Winden erfüllt.

Wind, Güsse und Ungewitter

Meist weht Favonius oder Westwind, bisweilen auch Auster oder Südwind, selten nur Subsolanus oder Ostwind. Obgleich es in diesem Jahr viel und ausgiebig regnet, so gibt es doch keine großen Wassergüsse, außer wenn der Schnee abgeht. Im Sommer gibt es ziemlich viel Ungewitter ohne merklichen Schaden.

Ratschläge für Haus und Hof

Sommerbau

Das Jupiterjahr ist ein gutes Gerstenjahr, sie wächst im Überfluss, wenn der Sommer nicht zu dürr ist. Man schaffe einen großen Vorrat an, weil in den zwei darauf folgenden Jahren gar wenig zu hoffen ist. Es geraten auch die Wicken sehr gut, doch Hafer und Erbsen werden wenig, ebenso wie Flachs und Hanf, sind aber gut. In diesem Jahr wächst genug Heu. Grummet wird es auch genug geben, aber nicht an allen Orten. In diesem Jahr soll man sich einen guten Vorrat an Heu und Futterstroh verschaffen, denn in den zwei nachfolgenden Jahren ist gar wenig zu hoffen. Kraut und Rüben wachsen zwar sehr schön, doch auch nicht an allen Orten.

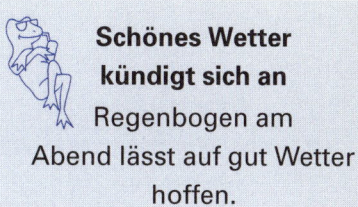

Schönes Wetter kündigt sich an
Regenbogen am Abend lässt auf gut Wetter hoffen.

Winterbau

Man soll sowohl im Frühjahr als im Herbst keine Schafe über die Felder mit der Frucht treiben und hüten lassen. Korn und Weizen wachsen nur sehr dünn. Und obschon keine Schafe im Frühling darauf kommen, so wächst er doch nicht recht dick, garbt sich nur mittelmäßig und gibt doch wenig an Körnern, besonders beim Korn. Der Weizen wird etwas besser ausfallen, zuweilen wird viel Winterbau an Stroh, aber wenig an Körnern.

Allgemeine Wetterregel
Staubiger März, viel Roggen und Weizen.

Herbstsaat

Obwohl es langsam zuwintert, ist es doch besser, dass man eher zeitig als später säe, besonders den Weizen, wegen des rauen, trockenen Frühlings, der darauf folgt. Man soll diesen Herbst, wie zuvor gesagt, keine Schafe auf den fruchttreibenden Feldern gehen lassen, wen er schon etwas groß gewachsen wäre. Es sei denn, dass er gar zu sehr ausgewachsen, welches aber selten geschieht.

Obst

Dieses Jahr wächst fast nichts, oder doch gar wenig an Obst: keine Birnen, keine Zwetschgen, Äpfel gar wenig, wenig oder gar keine Nüsse, keine Eicheln, doch etwas Bucheckern.

Hopfen

Dieses Jahr wächst zwar nicht viel Hopfen, aber er ist in der Substanz gut. In Böhmen und Sachsen wächst weniger Hopfen als bei uns im Frankenland.

Weinbau

In 28 Jahren, nämlich im vierten Septennium (ein Septennium bzw. sieben Jahre mal vier gibt 28 Jahre) geschieht es kaum einmal, dass im Jupiterjahr ein Hauptwein wächst, wie es 1616 geschah und nicht wiederum bis 1644. Es geschieht auch manchmal, wenn es keine widerwärtigen Aspekte gibt, dass gar wenig und saurer Wein wächst. Gewöhnlich gibt es in diesem Jahr einen halben Herbst, und es wird ein gemeiner Speisewein. Weil es im Herbst spät zuwintert, darf man sich mit dem Decken nicht sehr eilen. Unterlassen werden aber soll es nicht, denn nach Lichtmess gibt es viel Glatteis. Mit Weinkauf soll man sich dieses Jahr, wenn kein besonderer Wein gewachsen, zurückhalten, denn die drei folgenden Jahre sind

Allgemeine Wetterregel
Trockener Mai,
Korn für alle.

rechte Weinjahre. Allhier ist zu merken: Wenn eine Sonnenfinsternis im Februar, März, April, Mai stattfindet, sowohl im Jupiter-, Mars-, Sonnen-, Venus- oder Merkurjahr, so wächst in diesem Jahr guter Wein heran. Das gleiche gilt auch für das Erscheinen von Kometen, die auf natürliche Weise entstehen. Denn beide, sowohl Kometen als auch Sonnenfinsternisse, die uns sichtbar sind, verursachen anfangs Regen, danach aber trockenes und warmes Sommerwetter. Doch hat der Komet seinen Einfluss mehr im folgenden als im gegenwärtigen Jahr.

Ungeziefer

Wenn das Jupiterjahr meistenteils kalt ist, wie gewöhnlich, gibt es wenig Schlangen, Kröten, Heuschrecken, desgleichen wenig Würmer im Getreide, wo sie zuvor nicht gewesen sind. Doch gibt es zu Ausgang des Herbstes ziemlich viel Mäuse, aber nicht überall.

Fische

Fische gibt es aller Arten mittelmäßig.

Krankheiten

In diesem Jahr gibt es nicht viel Krankheiten. Zum Ende des Winters gibt es Seitenstechen, innere Geschwüre und hitzige Fieber. Gelegentlich gibt es auch einen Schlaganfall, Bräune, Krampf, Herzzittern, Entzündung der Leber, Kopfweh, Rückenschmerzen, Blähungen und Krankheiten, körperliche Vergiftungen.

Was die Tiere sagen
Wenn im August viele Goldkäfer laufen, braucht der Wirt den Wein nicht zu taufen.

Die Partikularwitterung des Jupiter

März Er ist vom 21. bis 23. sehr kalt gewesen, vom 24. bis zum Ende des Monats in der Früh allezeit hart gefroren, am Tag taute es.

April Er ist von Anfang kalt, am 3. und 4. sehr schön und warm. Am 6. und 7. windig und Platzregen, vom 8. bis 11. schön warm. Am 12. Güsse und Gewitter, 13. und 14. schön, danach Regenwetter mit Donner bis 21. Den 22. und 23. rau, 23., 24., 25. sehr kalter und starker Regen, 26. bis 29. kalt, dabei trüb. 29. und 30. Regengüsse.

Mai Der 1. und 2. rau, windig und kalt, vom 3. bis 14. schönes warmes Wetter, mit wenig Donner und Regen vermischt. Vom 15. bis 22. mit Kälte, Regen und Hagel vermischt. 23. früh gefroren, 25., 26., 27. schön genug, 28., 29. kalt und etwas Regen. Am 30. gibt es Reif und Eis, danach kalter Regen und Schnee den ganzen Tag.

Juni Fängt den ersten Tag schön an, den andern Tag große Regengüsse. Vom 4. bis 6. rau, der 7. ist ein schöner warmer Tag, der 8. ist unbeständig. Vom 9. bis 14. ist es früh kühl, abends wärmer. Am 15. regnet es Tag und Nacht, vom 16. bis 20. ist es morgens sehr kalt. Am 21. und 22. schöne warme Tage, am 23. und 24. steter Regen. Am 25. ist es sehr kalt. Vom 26. bis zum Ende des Monats regnet es.

Allgemeine Wetterregel
Wer im August bewässert, bewässert auf seine Kosten.

Juli Der 1. und 2. sind kalt und trüb, es nieselt. Am 3. und 4. warm, am 5. und 6. sehr kalt. Vom 7. bis 17. kommt eine schöne warme Zeit. Am 18., 19., 20. und 21. Regen, vom 22. bis Ende des Monats ist es schön warm und heiß.

August Vom 1. bis 6. schön warm, am 7. den ganzen Tag Regen, vom 8. bis 11. trüb und wenig Regen. Am 12. Platzregen, am 13. ist es schön, am 14. kommt nachts Reif und Eis. Am 15. gibt es Donner, Blitz und Platzregen, am 16. und 17. kalter Regen, vom 18. bis 24. ist es schön und sehr warm. Vom 25. bis 28. gibt es täglich Donner mit großem Regen, am 29. ist es schön, am 30. und 31. kommt wieder Regen.

Regen kommt
Rauch, der sich nur mühsam aus dem Schornstein quält, zeigt schlechtes Wetter und Regen an.

September Vom 1. bis 4. warmes Wetter, am 4. nachts Gewitter und Platzregen. Vom 5. bis 8. ist es hell, schön, windig; am 9. wenig Regen, am 10., 11. kühl und windig. Vom 13. bis 16. regnet es, vom 17. bis 26. ist es schön warm wie im Sommer, vom 27. gibt es bis zum Ende des Monats Regen.

Oktober Vom 1. bis 14. herrscht Regenwetter, und es ist ziemlich kalt. Am 15. fällt nachts Schnee, vom 15. bis 21. gibt es Regen und Wind, danach ist es bis zum Ende fein genug und warm.

November Der 1. schön, der 2. und 3. früh gefroren und hell. Am 4., 5., 6. schöne warme Tage, am 6. die ganze Nacht Regen. Vom 7. bis 13. trüb, kalt und ein wenig Nieselregen. Den 14. ist es windig, trüb mit Regen, am 15. großer Wind und Schnee, vom 16. bis 19. unbeständig. Vom 20. bis 27.

starker Regen, bisweilen mit Schnee vermischt. Am 28. ist es ziemlich schön, am 29., 30. trüb und kalt.

Dezember Am 1., 2. zugeschneit, vom 3. bis 8. unbeständig, am 9. fällt nachts große Kälte ein, am 10. große, überaus kalte Winde und viel Schnee und Kälte. Am 11. und 12. grimmige Kälte, am 13., 14. Schnee und milder. Der 15. ist hell und klar, vom 16. bis 19. trüb und gar nicht kalt. Am 20. ist es trüb und sehr kalt, vom 21. bis 28. Regen und mild. Geht bei uns der Schnee hinweg, bleibt er im Wald liegen. Vom 29. bis zum Ende des Monats ist es kalt mit wenig Schnee.

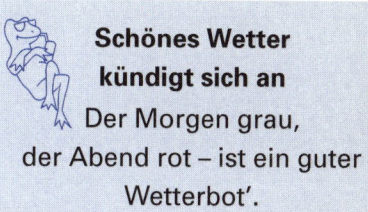

Schönes Wetter kündigt sich an
Der Morgen grau, der Abend rot – ist ein guter Wetterbot'.

Januar Am 1., 2., 3. Trüb und mittelmäßig kalt, am 4., 5., 6. großer Regen, am 7., 8., 9. mittelkalt, am 10. Regen und Graupelschauer. Vom 11. bis 17. ist es unbeständig mit Wind, vom 18. bis 22. Regen, kleine Güsse. Vom 23. bis Ende des Monats unbeständig mit Regen, Wind, Schnee, Nebel.

Februar Vom 1. bis 6. trüb mit Regen, Nebel, Wind. Am 7. hell und ziemlich kalt, vom 8. bis 11. trüb mit Regen und Schnee. Vom 12. bis 16. hell und kalt, am 17. Regen oder Schnee. Vom 18. bis 21. wehen kalte Winde, vom 22. bis 26. ist es hell, in der Früh kalt und gefroren, aber nachmittags lieblich. Der 27. ist trüb, nachts kalter Regen, der 28. rau und kalt.

März Vom 1. bis 7. rau, kalt und windig. Obschon kein Schnee liegt, gibt es am 18. und 19. Wind, Schnee, Regen. Am 20. und 21. ist es hell und vormittags sehr kalt; vom 2. bis 30. ist es kalt mit wenig Schnee und Wind und zuletzt Nebel.

Zeit- und Festrechnung für das Jupiterjahr 2001

Das Jupiterjahr 2001 ist nach gregorianischer Zeitrechnung ein Gemeinjahr von 365 Tagen.

Was die Tiere sagen
Wenn im März die Kraniche ziehen, werden bald die Bäume blühen.

Januar – Wintermond 2001

			Lauf des Mondes
1. Montag	**Neujahr**	Lostag	🐟
2. Dienstag		Schwendtag	
3. Mittwoch		Schwendtag	
4. Donnerstag		Schwendtag	
5. Freitag			
6. Samstag	**Heilige Drei Könige**	Lostag	
7. Sonntag			
8. Montag			
9. Dienstag	**Vollmond/Mondfinsternis**		
10. Mittwoch		Lostag	
11. Donnerstag			
12. Freitag			
13. Samstag			
14. Sonntag			
15. Montag		Lostag	
16. Dienstag			
17. Mittwoch		Lostag	
18. Donnerstag		Schwendtag	
19. Freitag			
20. Samstag		Lostag	
21. Sonntag		Lostag	
22. Montag		Lostag	
23. Dienstag			
24. Mittwoch	**Neumond**	Lostag	
25. Donnerstag		Lostag	
26. Freitag			
27. Samstag			
28. Sonntag			
29. Montag			
30. Dienstag			
31. Mittwoch		Lostag	

Februar – Hornung 2001

1. Donnerstag		Schwendtag	
2. Freitag	**Mariä Lichtmess**	Lostag	
3. Samstag		Schwendtag	
4. Sonntag			
5. Montag		Lostag	
6. Dienstag		Schwendtag	
7. Mittwoch			
8. Donnerstag	**Vollmond**	Schwendtag	
9. Freitag			
10. Samstag			
11. Sonntag			
12. Montag			
13. Dienstag			
14. Mittwoch	**Valentinstag**	Lostag	
15. Donnerstag			
16. Freitag		Schwendtag	
17. Samstag			
18. Sonntag			
19. Montag			
20. Dienstag			
21. Mittwoch			
22. Donnerstag		Lostag	
23. Freitag	**Neumond**		
24. Samstag		Lostag	
25. Sonntag			
26. Montag			
27. Dienstag			
28. Mittwoch			

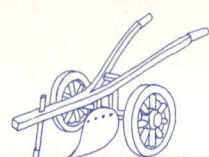

März – Saatmond 2001

				Lauf des Mondes
1.	Donnerstag		Lostag	
2.	Freitag			
3.	Samstag		Lostag	
4.	Sonntag			
5.	Montag			
6.	Dienstag			
7.	Mittwoch			
8.	Donnerstag			
9.	Freitag	**Vollmond**	Lostag	
10.	Samstag		Lostag	
11.	Sonntag			
12.	Montag		Lostag	
13.	Dienstag		Schwendtag	
14.	Mittwoch		Schwendtag	
15.	Donnerstag		Schwendtag	
16.	Freitag			
17.	Samstag		Lostag	
18.	Sonntag			
19.	Montag		Lostag	
20.	Dienstag	**Frühlingsanfang**		
21.	Mittwoch		Lostag	
22.	Donnerstag			
23.	Freitag			
24.	Samstag			
25.	Sonntag	**Neumond**	Lostag	
26.	Montag		Lostag	
27.	Dienstag		Lostag	
28.	Mittwoch			
29.	Donnerstag		Schwendtag	
30.	Freitag			
31.	Samstag			

April – Ostermond 2001

				Lauf des Mondes
1.	Sonntag			
2.	Montag		Lostag	
3.	Dienstag			
4.	Mittwoch		Lostag	
5.	Donnerstag			
6.	Freitag			
7.	Samstag			
8.	Sonntag	**Vollmond**		
9.	Montag			
10.	Dienstag			
11.	Mittwoch			
12.	Donnerstag	**Gründonnerstag**	Schwendtag	
13.	Freitag	**Karfreitag**		
14.	Samstag		Lostag	
15.	Sonntag	**Ostersonntag**		
16.	Montag	**Ostermontag**	Lostag	
17.	Dienstag			
18.	Mittwoch			
19.	Donnerstag		Schwendtag	
20.	Freitag			
21.	Samstag			
22.	Sonntag			
23.	Montag	**Neumond**	Lostag	
24.	Dienstag		Lostag	
25.	Mittwoch		Lostag	
26.	Donnerstag			
27.	Freitag			
28.	Samstag		Lostag	
29.	Sonntag			
30.	Montag			

Mai – Wonnemond 2001

			Lauf des Mondes
1. Dienstag			♌
2. Mittwoch			♌
3. Donnerstag		Schwendtag	♍
4. Freitag		Lostag	♍
5. Samstag			♎
6. Sonntag			♎
7. Montag	**Vollmond**	Schwendtag	♏
8. Dienstag		Schwendtag	♏
9. Mittwoch			♐
10. Donnerstag		Schwendtag	♐
11. Freitag		Lostag	♑
12. Samstag		Lostag	♑
13. Sonntag		Lostag	♑
14. Montag		Lostag	♒
15. Dienstag		Lostag	♒
16. Mittwoch			♓
17. Donnerstag		Schwendtag	♓
18. Freitag			♓
19. Samstag			♈
20. Sonntag			♈
21. Montag			♉
22. Dienstag			♉
23. Mittwoch	**Neumond**		♊
24. Donnerstag	**Christi Himmelfahrt**		♊
25. Freitag		Lostag	♊
26. Samstag			♋
27. Sonntag			♋
28. Montag			♌
29. Dienstag			♌
30. Mittwoch			♍
31. Donnerstag		Schwendtag	♍

Juni – Rosenmond 2001

				Lauf des Mondes
1.	Freitag		Schwendtag	♎
2.	Samstag			♎
3.	Sonntag	**Pfingstsonntag**		♏
4.	Montag	**Pfingstmontag**	Schwendtag	♏
5.	Dienstag			♐
6.	Mittwoch	**Vollmond**		♐
7.	Donnerstag			♐
8.	Freitag		Lostag	♑
9.	Samstag			♑
10.	Sonntag			♒
11.	Montag		Lostag	♒
12.	Dienstag			♒
13.	Mittwoch			♓
14.	Donnerstag	**Fronleichnam**		♓
15.	Freitag		Lostag	♈
16.	Samstag			♈
17.	Sonntag		Schwendtag	♈
18.	Montag			♉
19.	Dienstag		Lostag	♉
20.	Mittwoch			♊
21.	Donnerstag	**Neumond/Sonnenfinsternis/Sommeranfang**		♊
22.	Freitag			♋
23.	Samstag			♋
24.	Sonntag		Lostag	♌
25.	Montag			♌
26.	Dienstag			♍
27.	Mittwoch		Lostag	♍
28.	Donnerstag			♎
29.	Freitag		Lostag	♎
30.	Samstag		Schwendtag	♏

Juli – Erntemond 2001

			Lauf des Mondes
1. Sonntag			
2. Montag		Lostag	
3. Dienstag			
4. Mittwoch		Lostag	
5. Donnerstag	**Vollmond/Mondfinsternis**	Schwendtag	
6. Freitag		Schwendtag	
7. Samstag			
8. Sonntag		Lostag	
9. Montag			
10. Dienstag		Lostag	
11. Mittwoch			
12. Donnerstag			
13. Freitag			
14. Samstag			
15. Sonntag		Lostag	
16. Montag			
17. Dienstag		Lostag	
18. Mittwoch			
19. Donnerstag		Schwendtag	
20. Freitag	**Neumond**	Lostag	
21. Samstag			
22. Sonntag		Schwendtag	
23. Montag			
24. Dienstag			
25. Mittwoch		Lostag	
26. Donnerstag		Lostag	
27. Freitag			
28. Samstag		Schwendtag	
29. Sonntag			
30. Montag			
31. Dienstag			

August – Sommermond 2001

			Lauf des Mondes
1. Mittwoch		Schwendtag	
2. Donnerstag			
3. Freitag			
4. Samstag	**Vollmond**	Lostag	
5. Sonntag		Lostag	
6. Montag			
7. Dienstag			
8. Mittwoch			
9. Donnerstag			
10. Freitag		Lostag	
11. Samstag			
12. Sonntag			
13. Montag			
14. Dienstag			
15. Mittwoch	**Mariä Himmelfahrt**	Lostag	
16. Donnerstag		Lostag	
17. Freitag		Schwendtag	
18. Samstag			
19. Sonntag	**Neumond**	Lostag	
20. Montag			
21. Dienstag		Schwendtag	
22. Mittwoch		Schwendtag	
23. Donnerstag			
24. Freitag			
25. Samstag			
26. Sonntag			
27. Montag			
28. Dienstag		Lostag	
29. Mittwoch		Schwendtag	
30. Donnerstag			
31. Freitag			

September – Herbstmond 2001

			Lauf des Mondes
1. Samstag		Lostag	
2. Sonntag	**Vollmond**	Schwendtag	
3. Montag			
4. Dienstag			
5. Mittwoch			
6. Donnerstag			
7. Freitag			
8. Samstag			
9. Sonntag		Lostag	
10. Montag			
11. Dienstag		Lostag	
12. Mittwoch		Schwendtag	
13. Donnerstag			
14. Freitag		Lostag	
15. Samstag		Großer Schwendtag	
16. Sonntag		Lostag	
17. Montag	**Neumond**	Lostag	
18. Dienstag		Schwendtag	
19. Mittwoch			
20. Donnerstag			
21. Freitag		Schwendtag	
22. Samstag	**Herbstanfang**	Schwendtag	
23. Sonntag		Schwendtag	
24. Montag		Schwendtag	
25. Dienstag		Schwendtag	
26. Mittwoch		Schwendtag	
27. Donnerstag		Schwendtag	
28. Freitag		Schwendtag	
29. Samstag		Lostag	
30. Sonntag			

Oktober – Weinmond 2001

				Lauf des Mondes
1.	Montag			
2.	Dienstag	**Vollmond**	Lostag	
3.	Mittwoch		Schwendtag	
4.	Donnerstag			
5.	Freitag			
6.	Samstag		Schwendtag	
7.	Sonntag			
8.	Montag		Lostag	
9.	Dienstag		Lostag	
10.	Mittwoch			
11.	Donnerstag		Schwendtag	
12.	Freitag			
13.	Samstag			
14.	Sonntag			
15.	Montag		Lostag	
16.	Dienstag	**Neumond**	Lostag	
17.	Mittwoch			
18.	Donnerstag			
19.	Freitag			
20.	Samstag			
21.	Sonntag		Lostag	
22.	Montag			
23.	Dienstag		Lostag	
24.	Mittwoch			
25.	Donnerstag			
26.	Freitag			
27.	Samstag			
28.	Sonntag		Lostag	
29.	Montag			
30.	Dienstag			
31.	Mittwoch		Lostag	

November – Jagdmond 2001

				Lauf des Mondes
1. Donnerstag		Allerheiligen/Vollmond	Lostag	
2. Freitag			Lostag	
3. Samstag				
4. Sonntag				
5. Montag				
6. Dienstag				
7. Mittwoch				
8. Donnerstag				
9. Freitag				
10. Samstag				
11. Sonntag			Lostag	
12. Montag			Schwendtag	
13. Dienstag				
14. Mittwoch				
15. Donnerstag		Neumond	Lostag	
16. Freitag				
17. Samstag				
18. Sonntag				
19. Montag			Lostag	
20. Dienstag				
21. Mittwoch			Lostag	
22. Donnerstag				
23. Freitag			Lostag	
24. Samstag				
25. Sonntag			Lostag	
26. Montag				
27. Dienstag				
28. Mittwoch				
29. Donnerstag				
30. Freitag			Lostag	

Dezember – Christmond 2001

				Lauf des Mondes
1.	Samstag		Lostag	
2.	Sonntag	**1. Advent**	Lostag	
3.	Montag			
4.	Dienstag		Lostag	
5.	Mittwoch			
6.	Donnerstag	**Nikolaus**	Lostag	
7.	Freitag			
8.	Samstag		Lostag	
9.	Sonntag	**2. Advent**		
10.	Montag			
11.	Dienstag			
12.	Mittwoch			
13.	Donnerstag		Lostag	
14.	Freitag	**Neumond/Sonnenfinsternis**		
15.	Samstag		Schwendtag	
16.	Sonntag	**3. Advent**		
17.	Montag			
18.	Dienstag			
19.	Mittwoch			
20.	Donnerstag			
21.	Freitag	**Winteranfang**	Lostag	
22.	Samstag			
23.	Sonntag	**4. Advent**		
24.	Montag	**Heiliger Abend**	Lostag	
25.	Dienstag	**Weihnachten**	Lostag	
26.	Mittwoch	**2. Weihnachtsfeiertag**		
27.	Donnerstag			
28.	Freitag		Lostag	
29.	Samstag			
30.	Sonntag	**Vollmond/Mondfinsternis**		
31.	Montag	**Silvester**		

Das Marsjahr
2002

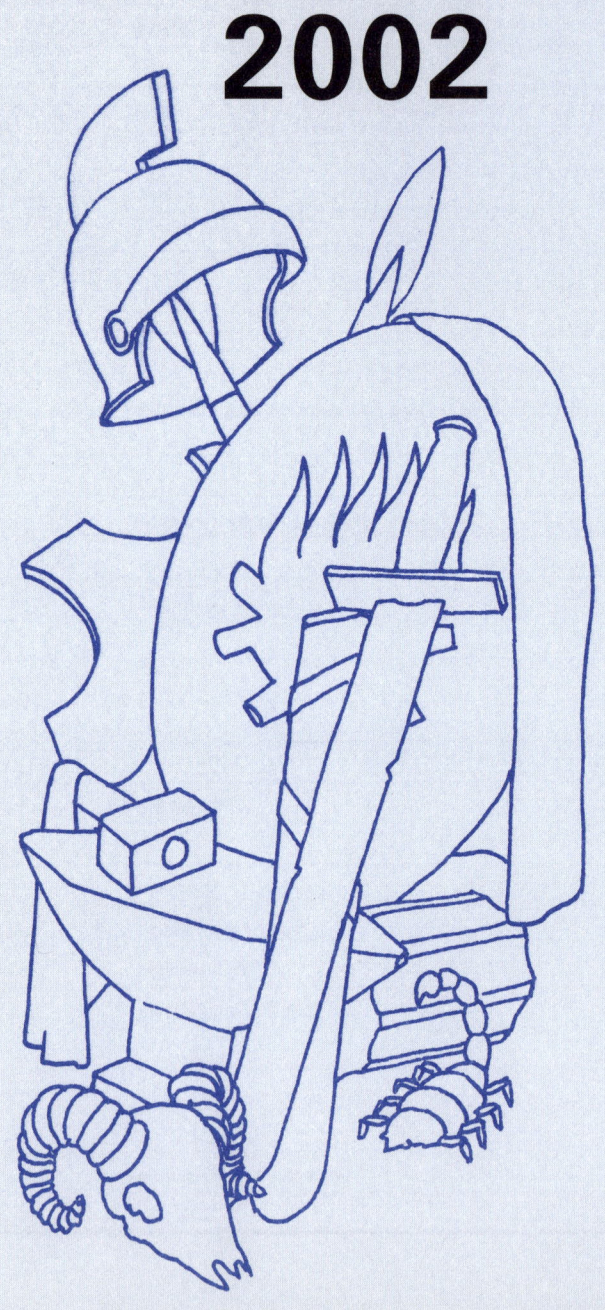

Der Mars ist ein heller und wie ein Feuer brennender Stern. Glänzend und erschreckend. Er vollendet alle Jahre zweimal seinen Lauf. Seiner Natur nach ist er sehr heiß und trocken, ohne Temperament, gallig und cholerisch.

Der Mars ist ein männlicher Planet, der menschlichen Natur zuwider, und ein böser Anstifter des Krieges, Haders und Zankes und allerlei Zwiespaltes, »infortuna minor« genannt. Er ist der nächste nach dem Jupiter. Er hat unter sich das Kriegswesen, den Sieg, die Alchimie, Schmiede und Schlosser und alle Handwerker, die mit und in dem Feuer arbeiten. Er ist auch der Stern für Gewalttaten und Tyrannei.

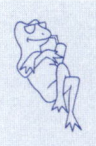

Was die Tiere sagen

Wenn die Kröten laufen, wollen sie bald Wasser saufen.

Ihm zugeordnet sind rothaarige, cholerische, zornige, kecke, vermessene, geschwätzige, verschwenderische, kämpfende, schmähende, aufrührerische, verschworene, grausame, unverschämte Menschen. Unter sich hat er noch Räuber, Bader, Barbiere, Büttel und Stallknechte, Kriegsoberste und Befehlshaber, Stückgießer und Büchsenmacher. Er macht seine Untertanen braun und schwarzgelb. Im menschlichen Leib hat er unter sich das linke Ohr, die Galle, Nieren, Adern, heimlich Gemächt und Hoden.

Allgemeine Wetterregel

Ist der Januar hell und weiß wird der Sommer sicher heiß.

Sonnenfinsternisse

10. Juni	ringförmig; in Deutschland nicht sichtbar
4. Dezember	total; in Deutschland nicht sichtbar

Mondfinsternisse

26. Mai	Halbschatten; sichtbar
24. Juni	Halbschatten; in Deutschland nicht sichtbar
20. November	Halbschatten; in Deutschland nicht sichtbar

Das Wetter im Marsjahr

Das Marsjahr ist gewöhnlich mehr trocken als feucht, denn obwohl es schon zu gewissen Zeiten regnet, gibt es doch mehr trockene als nasse Tage.

Was die Tiere sagen
Schlechtes Wetter wird, wenn die Regenwürmer Erde aufwerfen oder auf der Erdoberfläche zu sehen sind.

Frühling

Der Frühling ist gewöhnlich trocken, rau und kalt. Man soll große Sorgfalt anwenden, dass die Schafe nicht auf die Saatäcker gehen, sonst wird gar wenig wachsen. Dieser Frühling hat viel Reif, raue, wilde Luft bis zum 8. Juni, die dem Weinwuchs und allen Früchten schädlich ist.

Sommer

Der Mars hat unter allen Planeten den hitzigsten Sommer, bisweilen kann, wenn auch nicht immer, die Sonne das dürre Holz in den Wäldern vor großer Hitze anzünden. Es sind nicht allein die Tage sehr heiß, sondern auch die Nächte sind sehr warm; Flüsse und Brunnenquellen werden klein.

Allgemeine Wetterregel
Ist im Herbst das Wetter schön, wird im Winter Sturmwind wehn.

Herbst

Der Herbst ist unterschiedlich, bisweilen mehr trocken als feucht. Wenn das geschieht, so wächst ein besonders guter Wein. Öfter aber ist er kühl und nass. Vor dem Advent wird es kaum Schnee geben, obwohl es im Oktober manchmal friert. Der November ist größtenteils warm.

Regen kommt
Weht der Wind dauernd aus Süden, ist uns bald Regen beschieden.

Winter

Der Winter ist ziemlich kalt und mehr trocken als feucht, ganz unbeständig bald große Kälte, bald Regen, bald Schnee, fast durch und durch.

Wind, Güsse und Ungewitter

Dieses Jahr hat es viele große, schwere, gefährliche Ungewitter mit großem Windbrausen und Hagel, die nicht nur den Früchten schaden, sondern auch einschlagen und Feuersbrunst verursachen. Es gibt aber keine heftigen Regengüsse.

Ratschläge für Haus und Hof

Sommerbau

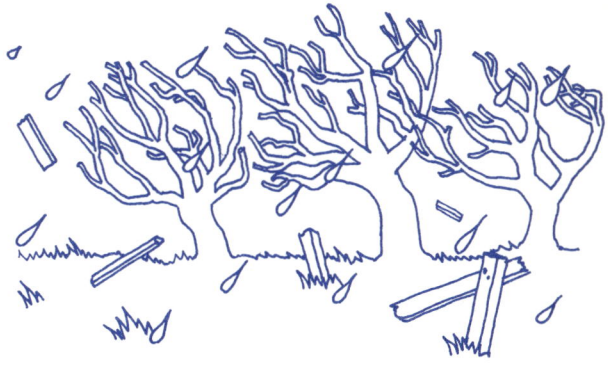

Der Sommerbau wächst im Marsjahr unterschiedlich. Wenn die Gerste auf gute frische Felder und zeitig gesät wird, so wächst sie gut und reichlich. Wenn sie aber auf sandige oder sonst magere Felder und besonders spät gesät wird, so bleibt sie kurz und dünn. Hafer gibt es nicht viel, aber guten. Wenn er auf gute Felder gesät wird, ist die Ernte reichlich. Erbsen, Linsen, Wicken sollen auf feuchten Boden gesät werden, so geraten sie gut, sonst aber nicht. Wenn man Hirse bauen will, so muss sie in diesem Jahr zeitig gesät werden. Der Flachs gerät nicht wohl, der Hanf bleibt klein und dünnstengelig, ist aber gut. Dieses Jahr wächst wenig Heu, es gibt auch nicht viel Grummet. Darum soll man die Schafe zeitig von den Wiesen nehmen, wie oben unter Frühling angegeben wurde.

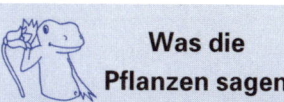

Was die Pflanzen sagen

Grünt die Eiche vor der Esche, hält der Sommer große Wäsche, grünt die Esche vor der Eiche, hält der Sommer große Weiche.

Winterbau

Im Marsjahr wächst gutes, vollkommenes, reiches Korn, wenn die Garben auch nicht so aussehen. Der Weizen ist mittelmäßig, aber im Frühling darf man keine Schafe auf den Feldern weiden.

Herbstsaat

Weil es spät zuwintert, braucht man sich mit der Saat nicht zu eilen. Es ist in diesem Herbst besser, wenn der Samen obenauf, aber nicht untergepflügt wird. Wenn der Samen nicht übermäßig groß ist, sollte man keine Schafe darüber treiben.

Obst

Das Marsjahr ist ein mittelmäßiges Obstjahr. Es gibt etwas mehr Birnen als Äpfel, Kirschen und Zwetschgen gar wenig, desgleichen auch wenig Nüsse und gar keine Eicheln.

Hopfen

Was an Hopfen daran bleibt, ist gut. Doch viel Hopfen gibt es nicht. Gefahr droht ihm im Frühling vom Reif und der scharfen Luft und im Sommer vom Hagel.

Weinbau

Es geschieht oft, dass das Marsjahr ein Hauptweinjahr ist, das von allen sieben nachfolgenden Jahren nicht erreicht wird. Aber es ist immer ein Risiko dabei. Im Stift Bamberg und Zeil erfriert der Wein gewöhnlich im rauen, kalten Frühling, besonders am Fuß der Weinberge. Wenn es einen nassen Herbst gibt, so wächst zwar kein Hauptwein, jedoch ein feiner Speisewein. Wenn sich im Marsjahr der Herbst nicht so änderte, hätte man jedesmal einen Hauptwein zu erwarten. Wo im Frühling der Weinbau den Frost übersteht und die Hagelschauer im Sommer keinen Schaden tun, ist gewiss ein vollkommener Herbst und ein Überfluss an Wein zu erwarten. Deshalb sehe man sich rechtzeitig mit Fässern vor. Nach diesem Jahr folgen noch zwei Weinjahre. Man soll zwar in diesem Herbst Most kaufen, davon aber, wenn kein Hauptwein gewachsen, nicht zu viel. Wenn das Getreide in diesem Jahr billig ist, soll man sich mit Einkäufen versehen, man kann es aber auch im nachfolgen-

> **Was die Tiere sagen**
> Viel Wespen, ein trockener Herbst.

den Jahr tun. Obwohl man sich mit dem Decken der Weinberge nicht sehr eilen darf, soll das durchaus nicht unterlassen werden, wegen des Glatteises als auch wegen des kalten Winters, wodurch Augen und Reben Schaden leiden würden, dass sie in drei Jahren kaum wieder wachsen würden.

Ungeziefer

Es gibt ungewöhnlich viel Ungeziefer wie Schlangen, Heuschrecken, Schmetterlinge. So wachsen auch die Würmer im Getreide, wenn es zu sehr aufeinander liegt und nicht fleißig genug gewartet wird.

Was die Pflanzen sagen
Wann in dem Monat Oktober
das Laub bald von den Bäumen fällt,
so kommt ein frühes Jahr,
wann es aber spät abfällt,
so ist auch ein spätes Jahr zu hoffen.

Fische

Das Fangaufkommen ist mittelmäßig.

Krankheiten

Im Marsjahr regieren die hitzigen Krankheiten, aber auch die Pest, brennende Geschwüre und Geschwülste, Fieber, das dreitägige Fieber, sowohl beständig als auch in Intervallen, Geschwüre im Gesicht, Gelbsucht, Fistel, Karbunkel, Krebs, rote Ruhr und andere hitzige und trunkene Krankheiten.

**Schönes Wetter
kündigt sich an**
Steigt der Rauch
ganz gerade nach oben,
bleibt das Wetter lange schön.

Die Partikularwitterung des Mars

März Von der Tagundnachtgleiche ab, dem 21., pflegt es morgens hart zu gefrieren, die Tage aber sind meistens schön und lustig.

April Bis zum 16. pflegt es morgens zu gefrieren, tagsüber gibt es raues Wetter, mit Schnee vermischt. Danach ist das Wetter milder mit Regen bis zum 22. Darauf wieder Reif und raues Wetter bis zum 29. Dann fängt es an, schön lustig und warm zu werden.

Mai Der Mai fängt am 2. Mai mit Donner an, dann folgt wieder raues, trübes und kühles Wetter bis zum 7. Darauf ist es drei Tage wieder mild. Am 10. gefriert es nachts. Es folgen wilde, raue, ungestüme Tage mit Reif bis zum 19. Danach folgt schönes warmes Wetter. Am 29. gibt es wieder Reif, am 30. ist es gefroren.

> **Regen kommt**
> Ziehen die Wolken dem Wind entgegen, gibt's am andern Tag Regen.

Juni Er fängt an mit Reif, darauf folgt trübes, windiges und unbeständiges Wetter mit Regen. Die Regen aber sind alle ungeschlacht. Am 8. hat es Reif, am 9. ist es schön und warm, mit Donner bis zum Ende des Monats.

Juli Er fängt an mit großer Hitze, sowohl bei Tag als auch bei Nacht. Es gibt viel Hagel und Feuer (durch Blitze) und bleibt schön bis zum 11. Dann folgt trübes und etwas kühles Wetter mit Regen bis zum 21. Es folgt anschließend wieder warmes Wetter und es wird hell bis zum 27. Bis zum Ende des Monats regnet es.

> **Allgemeine Wetterregel**
> Ist's im Juli hell und warm, friert's um Weihnachten reich und arm.

August Am frühen Morgen steigt Nebel auf. Die Tage sind schön, warm und heiß. Der ganze Monat ist schön warm und trocken, es gibt auch einige Gewitter.

September Er fängt an mit herrlichem, schönem, warmem Wetter bis zum 13.; dann wird es etwas kühl und es gibt herbstliches Wetter mit gelegentlichem Regen. Bald darauf ist es wieder schön und lustig bis zum 27. Danach gibt es trübes Regenwetter bis zum Ende des Monats.

> **Ein Unwetter zieht herauf**
> Wo's in der Früh donnert, schlägt's am Mittag ein.

Oktober Er fängt an mit schlechtem Wetter bis zum 4., dann gibt es Reif. Danach ist das Wetter wechselhaft bis zum 16., der ein schöner Sommertag ist. Am 24. gefriert es, dann kommt wieder eine schöne, angenehme Zeit. Am 27. ist es hart gefroren bis zum 30.

November Es gefriert vom 1. bis zum 9., nachmittags wird es aber gewöhnlich schön und warm. Am 9. fängt das trübe Wetter an mit Regen und Nebel und dauert bis zum 22. Danach gefriert es wieder bis zum 29. Nachmittags aber scheint die Sonne.

> **Kälte sagt sich an**
> Je fetter die Vögel und Dachse sind, um so kälter erscheint das Christkind.

Dezember Fängt mit Frost an, ist bald trüb, mit Regen und Glatteis. Am 10. Schnee. Danach ist es hart gefroren bis zum 18. Nach kurzem Regen wird es wieder kalt bis zum Ende.

Januar Er fängt an mit Kälte und taut am 4. auf. Danach wird es wieder kalt. Am 15. gibt es etliche Tage Glatteis, am 19. fällt Schneeregen bis zum 27. Regenwetter vermischt mit Schnee bis Ende des Monats.

Februar Er fängt trüb an mit Regen. Am 9., 10. und 11. schönes, liebliches Wetter. Es folgen drei Tage Schnee, darauf wird es sehr kalt bis zum 27. Dann fängt es zu regnen an.

März Bis zum 7. März schneit es drei Tage, dann kommt wieder Frost. Am 10. regnet, hagelt und schneit es, danach gibt es harten Frost bis zum 19. Darauf folgt Regenwetter.

Zeit- und Festrechnung für das Marsjahr 2002

> **Was der Mond verkündet**
> Blasser Mond bringt Regen, roter Wind, weißer helles, klares Wetter.

Das Marsjahr 2002 ist nach gregorianischer Zeitrechnung ein Gemeinjahr von 365 Tagen.

Januar – Wintermond 2002

			Lauf des Mondes
1. Dienstag		Lostag	
2. Mittwoch		Schwendtag	
3. Donnerstag		Schwendtag	
4. Freitag		Schwendtag	
5. Samstag			
6. Sonntag	**Heilige Drei Könige**	Lostag	
7. Montag			
8. Dienstag			
9. Mittwoch			
10. Donnerstag		Lostag	
11. Freitag			
12. Samstag			
13. Sonntag	**Neumond**		
14. Montag			
15. Dienstag		Lostag	
16. Mittwoch			
17. Donnerstag		Lostag	
18. Freitag		Schwendtag	
19. Samstag			
20. Sonntag		Lostag	
21. Montag		Lostag	
22. Dienstag		Lostag	
23. Mittwoch			
24. Donnerstag		Lostag	
25. Freitag		Lostag	
26. Samstag			
27. Sonntag			
28. Montag	**Vollmond**		
29. Dienstag			
30. Mittwoch			
31. Donnerstag		Lostag	

Februar – Hornung 2002

				Lauf des Mondes
1.	Freitag		Schwendtag	
2.	Samstag	**Mariä Lichtmess**	Lostag	
3.	Sonntag		Schwendtag	
4.	Montag			
5.	Dienstag		Lostag	
6.	Mittwoch		Schwendtag	
7.	Donnerstag			
8.	Freitag		Schwendtag	
9.	Samstag			
10.	Sonntag			
11.	Montag			
12.	Dienstag	**Neumond**		
13.	Mittwoch			
14.	Donnerstag	**Valentinstag**	Lostag	
15.	Freitag			
16.	Samstag		Schwendtag	
17.	Sonntag			
18.	Montag			
19.	Dienstag			
20.	Mittwoch			
21.	Donnerstag			
22.	Freitag		Lostag	
23.	Samstag			
24.	Sonntag		Lostag	
25.	Montag			
26.	Dienstag			
27.	Mittwoch	**Vollmond**		
28.	Donnerstag			

März – Saatmond 2002

			Lauf des Mondes
1. Freitag		Lostag	♎
2. Samstag			♎
3. Sonntag		Lostag	♏
4. Montag			♏
5. Dienstag			♐
6. Mittwoch			♐
7. Donnerstag			♐
8. Freitag			♑
9. Samstag		Lostag	♑
10. Sonntag		Lostag	♒
11. Montag			♒
12. Dienstag		Lostag	♒
13. Mittwoch		Schwendtag	♓
14. Donnerstag	**Neumond**	Schwendtag	♓
15. Freitag		Schwendtag	♈
16. Samstag			♈
17. Sonntag		Lostag	♈
18. Montag			♉
19. Dienstag		Lostag	♉
20. Mittwoch	**Frühlingsanfang**		
21. Donnerstag		Lostag	♊
22. Freitag			♊
23. Samstag			♏
24. Sonntag			♏
25. Montag		Lostag	♌
26. Dienstag		Lostag	♌
27. Mittwoch		Lostag	♍
28. Donnerstag	**Gründonnerstag/Vollmond**	Schwendtag	♍
29. Freitag	**Karfreitag**	Schwendtag	♎
30. Samstag			♎
31. Sonntag	**Ostersonntag**		♏

April – Ostermond 2002

1. Montag	**Ostermontag**	Lostag	
2. Dienstag		Lostag	
3. Mittwoch			
4. Donnerstag		Lostag	
5. Freitag			
6. Samstag			
7. Sonntag			
8. Montag			
9. Dienstag			
10. Mittwoch			
11. Donnerstag			
12. Freitag	**Neumond**		
13. Samstag			
14. Sonntag		Lostag	
15. Montag			
16. Dienstag			
17. Mittwoch			
18. Donnerstag			
19. Freitag		Schwendtag	
20. Samstag			
21. Sonntag			
22. Montag			
23. Dienstag		Lostag	
24. Mittwoch		Lostag	
25. Donnerstag		Lostag	
26. Freitag			
27. Samstag	**Vollmond**		
28. Sonntag		Lostag	
29. Montag			
30. Dienstag			

Mai – Wonnemond 2002

			Lauf des Mondes
1. Mittwoch			
2. Donnerstag			
3. Freitag		Schwendtag	
4. Samstag		Lostag	
5. Sonntag			
6. Montag			
7. Dienstag		Schwendtag	
8. Mittwoch		Schwendtag	
9. Donnerstag	**Christi Himmelfahrt**		
10. Freitag		Schwendtag	
11. Samstag		Lostag	
12. Sonntag	**Neumond**	Lostag	
13. Montag		Lostag	
14. Dienstag		Lostag	
15. Mittwoch		Lostag	
16. Donnerstag			
17. Freitag		Schwendtag	
18. Samstag			
19. Sonntag	**Pfingstsonntag**		
20. Montag	**Pfingstmontag**	Schwendtag	
21. Dienstag			
22. Mittwoch			
23. Donnerstag			
24. Freitag			
25. Samstag		Lostag	
26. Sonntag	**Vollmond/Mondfinsternis**		
27. Montag			
28. Dienstag			
29. Mittwoch			
30. Donnerstag	**Fronleichnam**		
31. Freitag		Schwendtag	

Juni – Rosenmond 2002

			Lauf des Mondes
1. Samstag		Schwendtag	
2. Sonntag			
3. Montag			
4. Dienstag			
5. Mittwoch			
6. Donnerstag			
7. Freitag			
8. Samstag		Lostag	
9. Sonntag			
10. Montag	**Neumond/Sonnenfinsternis**		
11. Dienstag		Lostag	
12. Mittwoch			
13. Donnerstag			
14. Freitag			
15. Samstag		Lostag	
16. Sonntag			
17. Montag		Schwendtag	
18. Dienstag			
19. Mittwoch		Lostag	
20. Donnerstag			
21. Freitag	**Sommeranfang**		
22. Samstag			
23. Sonntag			
24. Montag	**Vollmond/Mondfinsternis**	Lostag	
25. Dienstag			
26. Mittwoch			
27. Donnerstag		Lostag	
28. Freitag			
29. Samstag		Lostag	
30. Sonntag		Schwendtag	

Juli – Erntemond 2002

			Lauf des Mondes
1. Montag			
2. Dienstag		Lostag	
3. Mittwoch			
4. Donnerstag		Lostag	
5. Freitag		Schwendtag	
6. Samstag		Schwendtag	
7. Sonntag			
8. Montag		Lostag	
9. Dienstag			
10. Mittwoch	**Neumond**	Lostag	
11. Donnerstag			
12. Freitag			
13. Samstag			
14. Sonntag			
15. Montag		Lostag	
16. Dienstag			
17. Mittwoch		Lostag	
18. Donnerstag			
19. Freitag		Schwendtag	
20. Samstag		Lostag	
21. Sonntag			
22. Montag		Schwendtag	
23. Dienstag			
24. Mittwoch	**Vollmond**		
25. Donnerstag		Lostag	
26. Freitag		Lostag	
27. Samstag			
28. Sonntag		Schwendtag	
29. Montag			
30. Dienstag			
31. Mittwoch			

August – Sommermond 2002

				Lauf des Mondes
1.	Donnerstag		Schwendtag	
2.	Freitag			
3.	Samstag			
4.	Sonntag		Lostag	
5.	Montag		Lostag	
6.	Dienstag			
7.	Mittwoch			
8.	Donnerstag	**Neumond**		
9.	Freitag			
10.	Samstag		Lostag	
11.	Sonntag			
12.	Montag			
13.	Dienstag			
14.	Mittwoch			
15.	Donnerstag	**Mariä Himmelfahrt**	Lostag	
16.	Freitag		Lostag	
17.	Samstag		Schwendtag	
18.	Sonntag			
19.	Montag		Lostag	
20.	Dienstag			
21.	Mittwoch		Schwendtag	
22.	Donnerstag	**Vollmond**	Schwendtag	
23.	Freitag			
24.	Samstag			
25.	Sonntag			
26.	Montag			
27.	Dienstag			
28.	Mittwoch		Lostag	
29.	Donnerstag		Schwendtag	
30.	Freitag			
31.	Samstag			

September – Herbstmond 2002

			Lauf des Mondes
1. Sonntag		Lostag	
2. Montag		Schwendtag	
3. Dienstag			
4. Mittwoch			
5. Donnerstag			
6. Freitag			
7. Samstag	**Neumond**		
8. Sonntag			
9. Montag		Lostag	
10. Dienstag			
11. Mittwoch		Lostag	
12. Donnerstag		Schwendtag	
13. Freitag			
14. Samstag		Lostag	
15. Sonntag		Großer Schwendtag	
16. Montag		Lostag	
17. Dienstag		Lostag	
18. Mittwoch		Schwendtag	
19. Donnerstag			
20. Freitag			
21. Samstag	**Vollmond**	Schwendtag	
22. Sonntag		Schwendtag	
23. Montag	**Herbstanfang**	Schwendtag	
24. Dienstag		Schwendtag	
25. Mittwoch		Schwendtag	
26. Donnerstag		Schwendtag	
27. Freitag		Schwendtag	
28. Samstag		Schwendtag	
29. Sonntag		Lostag	
30. Montag			

Oktober – Weinmond 2002

			Lauf des Mondes
1. Dienstag			
2. Mittwoch		Lostag	
3. Donnerstag		Schwendtag	
4. Freitag			
5. Samstag			
6. Sonntag	**Neumond**	Schwendtag	
7. Montag			
8. Dienstag		Lostag	
9. Mittwoch		Lostag	
10. Donnerstag			
11. Freitag		Schwendtag	
12. Samstag			
13. Sonntag			
14. Montag			
15. Dienstag		Lostag	
16. Mittwoch		Lostag	
17. Donnerstag			
18. Freitag			
19. Samstag			
20. Sonntag			
21. Montag	**Vollmond**	Lostag	
22. Dienstag			
23. Mittwoch		Lostag	
24. Donnerstag			
25. Freitag			
26. Samstag			
27. Sonntag			
28. Montag		Lostag	
29. Dienstag			
30. Mittwoch			
31. Donnerstag		Lostag	

November – Jagdmond 2002

				Lauf des Mondes
1. *Freitag*	**Allerheiligen**	Lostag		🐐
2. *Samstag*		Lostag		🐐
3. *Sonntag*				⚖
4. *Montag*	**Neumond**			⚖
5. *Dienstag*				🦂
6. *Mittwoch*				🦂
7. *Donnerstag*				🏹
8. *Freitag*				🏹
9. *Samstag*				🐐
10. *Sonntag*				🐐
11. *Montag*		Lostag		♒
12. *Dienstag*		Schwendtag		♒
13. *Mittwoch*				🐟
14. *Donnerstag*				🐟
15. *Freitag*		Lostag		🐟
16. *Samstag*				🐏
17. *Sonntag*				🐏
18. *Montag*				🐂
19. *Dienstag*		Lostag		🐂
20. *Mittwoch*	**Vollmond/Mondfinsternis**			🐂
21. *Donnerstag*		Lostag		👥
22. *Freitag*				👥
23. *Samstag*		Lostag		🦀
24. *Sonntag*				🦀
25. *Montag*		Lostag		🦀
26. *Dienstag*				🦁
27. *Mittwoch*				🦁
28. *Donnerstag*				🐐
29. *Freitag*				🐐
30. *Samstag*		Lostag		⚖

Dezember – Christmond 2002

1. Sonntag	**1. Advent**	Lostag		♎
2. Montag		Lostag		♏
3. Dienstag				♏
4. Mittwoch	**Neumond/Sonnenfinsternis**	Lostag		♐
5. Donnerstag				♐
6. Freitag	**Nikolaus**	Lostag		♑
7. Samstag				♑
8. Sonntag	**2. Advent**	Lostag		♒
9. Montag				♒
10. Dienstag				♒
11. Mittwoch				♓
12. Donnerstag				♓
13. Freitag		Lostag		♌
14. Samstag				♌
15. Sonntag	**3. Advent**	Schwendtag		♌
16. Montag				♉
17. Dienstag				♉
18. Mittwoch				♊
19. Donnerstag	**Vollmond**			♊
20. Freitag				♏
21. Samstag		Lostag		♏
22. Sonntag	**4. Advent/Winteranfang**			♏
23. Montag				♌
24. Dienstag	**Heiliger Abend**	Lostag		♌
25. Mittwoch	**Weihnachten**	Lostag		♒
26. Donnerstag	**2. Weihnachtsfeiertag**			♒
27. Freitag				♎
28. Samstag		Lostag		♎
29. Sonntag				♏
30. Montag				♏
31. Dienstag	**Silvester**			♐

Das Sonnenjahr

2003

Die liebe Sonne ist das Auge und Leben der ganzen Welt, klar scheinend und leuchtend, wie jedermann weiß. Sie hat sowohl im Auf- als Niedergang neben sich hergehen den Stern, Venus genannt. Bewirkt temperierte und trockene Wärme. Ist männlich, mittelmäßig warm und trocken. Sie gilt als guter Planet, wenn sie gute Aspekte hat, aber als bös, wenn diese ungünstig sind.

Der Einfluss der Sonne macht safranfarbig und schön, kraus, stark, fromm, großmütig, bedachtsam, ruhig, groß, geehrt. Sie gibt ein langes Leben, einen gesunden Leib, macht aufrichtig und guten Gemüts, verleiht königliche Würde, Reichtum und Ehr – mehr als andere Planeten. Die Sonne ist Leitstern und Symbol der Könige, der Fürsten, Grafen, Freiherrn, der Edlen, Vornehmen und der Obrigkeit. Die Sonne fördert desgleichen Ehrgeizige, die nach Ehren und Würden streben, Großmütige, die über andere zu herrschen begehren.

Im menschlichen Leib sind unter ihrer Gewalt das Gehirn, die Nerven, das Herz, das rechte Auge der Männer, das linke Auge der Frauen, die Sehnerven und die rechte Seite.

Regen kommt
Wenn der Hund
das Gras benagt
und die Frau ob Flöhen klagt,
der Rauch nicht will zum
Schornstein raus, kommt bald
Regen übers Haus.

Sonnenfinsternisse

31. Mai	ringförmig; in Deutschland nicht sichtbar
9. November	total; in Deutschland nicht sichtbar

Mondfinsternisse

16. Mai	total; sichtbar
9. November	total; nicht sichtbar

Das Wetter im Sonnenjahr

Das Sonnenjahr ist durch und durch mehr trocken als feucht und mittelmäßig warm. Der Sommer ist sehr trocken und bringt Dürre.

Frühling

Der Frühling ist temperiert, anfänglich ziemlich feucht, besonders im April, der sehr unterschiedlich und unstet ist. Der Mai aber wird schön und trocken, zu Ende mit starkem Reif und Frost. Die Kälte reicht bis weit in den Juni hinein. Daher muss man sehr aufpassen, dass die Schafe nicht auf die junge Frucht gelassen und nach Möglichkeit von den Wiesen abgehalten werden.

Sommer

Der Juni ist nicht sicher vor Reif und Frost, auch mit großer Dürre muss gerechnet werden. Der August ist anfänglich ungestüm, danach wiederum hell und still. Die Tage sind in diesem Sommer sehr heiß, die Nächte aber kühl. Der Sommer ist sehr schön, der aber mit ungestümem Wetter endet.

Herbst

Der Herbst ist angenehm trocken und schön, es reift und gefriert zeitig, tagsüber aber ist es warm.

Winter

Der Winter ist mehr trocken als feucht; und ziemlich, jedoch nicht übermäßig kalt. Er fängt an mit rauem, unlieblichem Wetter, das allerdings bald wieder besser wird. Der Februar lässt sich zunächst mit gutem Wetter an, endet aber dann mit großer Kälte, die bis in den März hinein währet.

Wind, Güsse und Ungewitter

Der Ost- und Nordwind weht meistenteils dieses Jahr, bisweilen auch der Westwind, der Südwind gar selten. Es hat viele Ungewitter mit Donner, Blitz und Hagel, welche für die Früchte sehr gefährlich sind; es gibt aber keine Güsse.

Ratschläge für Haus und Hof

Sommerbau

Der Sommerbau muss zeitig vorgenommen und, soweit es sich tun lässt, untergesät werden. Wächst danach Gerste und Hafer wenig genug, doch gut an Körnern. Dieses Jahr wächst gute Hirse, wenn sie zeitig gesät wird. Es wachsen wenig Wicken, Linsen, Erbsen, wenn sie nicht in feuchte und feiste Felder gesät werden, auf denen der Mist schon verwest sein muss. Der Flachs ist nicht viel nutz, der Hanf dünn und kurz, aber gut. Das Heu wird gar wenig, weshalb oben gesagt wurde, dass man die Schafe von den Wiesen lassen solle. Das Grummet ist in diesem Jahr unterschiedlich, bisweilen wächst das Notwendigste, bisweilen gar wenig oder nichts, wo nämlich keine Wasserwiesen sind. Kraut und Rüben können wegen der Dürre nicht gut geraten.

> **Was die Tiere sagen**
> Fertigt die Spinne
> nur ein kleines Gewebe,
> hat die gute Witterung nur kurze Dauer.

Winterbau

Das Korn wächst im Solarjahr vortrefflich, geht aber genau zusammen. Der Weizen ist zwar auch gut an Körnern, ist aber dessen gar wenig. Man sehe sich wohl vor, dass im Frühling keine Schafe auf den Samen gelassen werden.

Herbstsaat

Den Herbstsamen soll man untersäen, damit er im darauf folgenden nassen Frühling nicht ausgewaschen werde. Es ist nicht notwendig, zu zeitig zu säen. Doch dass man sich wegen des Schnees im November auch nicht verspätet, wenn er auch nicht liegen bleibt. Obgleich er allerdings weggeht, wachsen doch die Brunnenquellen nicht so recht.

> **Was die Pflanzen sagen**
> Wie der Holder blüht,
> Rebe auch und Lieb' erglüht.
> Blühen beid' im Vollmondschein,
> gibt's viel Glück und guten Wein.

Regen kommt
Wenn es zwei
Stunden nach
Sonnenaufgang regnet,
regnet es den ganzen Tag.

Obst

Dieses Jahr gibt es nicht viele Äpfel, aber mehr Birnen und viel Kirschen. Zu Zeiten gibt es außerdem auch Zwetschgen. Desgleichen kann man viel Nüsse und Eicheln erwarten.

Hopfen

Obschon der Hopfen sich anfänglich gut anlässt, so wird doch wenig oder gar nichts daraus, weshalb man sich zeitig mit genügend Vorrat versehen soll.

Weinbau

Wenn im vorigen Jahr kein Hauptwein gewachsen, so wächst er dieses Jahr: Denn Mars, Sonne und Venus machen alle sieben Jahre die rechten Weinjahre. Und was in einem nicht gerät, das gerät in den andern. Es sind aber alle sieben Jahre gewöhnlich zwei gute Weinjahre; geschieht es zwar auch manchmal, dass in sieben Jahren nur einmal guter Wein wächst, ist es doch selten; desgleichen geschieht es auch selten, dass in sieben Jahren drei gute Weinjahre sind, wie das die Erfahrung mit sich bringt. Wenn nun im vorigen Jahr nicht genügend Wein eingekauft wurde, so tue man es in diesem Jahr, wenn er wohl geraten ist. Im Solarjahr gibt es gewöhnlich einen halben Herbst, aber der Weinstock hat im Frühling große Gefahr wegen des langwierigen Frostes und Reifs; es geht fast nie ohne Schaden

**Schönes Wetter
kündigt sich an**
Abendrot bei West,
gibt dem Frost den Rest.

ab. Das darauf folgende Jahr wächst allezeit viel Wein; zum Einkaufen des Speiseweins kann man sich bis dahin gedulden. Mit dem Decken braucht man sich nicht zu eilen. Wo man nicht mit genügend Getreide versehen ist, soll man sich in diesem Jahr, wenn es wohlfeil, vorsehen. Im künftigen Jahr gerät das Getreide nicht immer, nämlich wenn es einen dürren Sommer gibt. Auf diesen folgen dann zwei oder drei unfruchtbare Jahre.

Ungeziefer

Es gibt nicht viel Kröten und Schlangen, aber ziemlich Heuschrecken. Die Würmer wachsen gern im Getreide dieses Jahr, weil es vollkommen ist, und fressen es aus.

Fische

Fische gibt es mittelmäßig.

Krankheiten

Dieses Jahr gibt es nicht viel Krankheiten. Diejenigen aber, die aufzutreten pflegen, sind: Ohnmacht, Niederfallung, Krampf, Herzklopfen, Katarrhe, Erkältung der Leber und des Magens, Geschwüre im Unterleib.

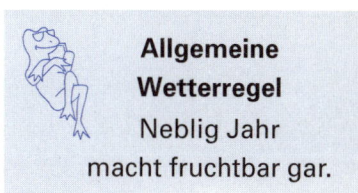

Allgemeine Wetterregel
Neblig Jahr
macht fruchtbar gar.

Die Partikularwitterung der Sonne

März Von der Tagundnachtgleiche, dem 21., an gibt es Regen und Schnee bis zum 23., an dem es gefroren ist. Danach ist es schön bis zum 27., anschließend trüb mit Regen.

April Er fängt sehr schön an bis zum 5., dann regnet es, hagelt, und es gefriert wieder. Bald ist es wieder ganz veränderlich und unstet bis zum Monatsende.

> **Was die Tiere sagen**
> Im Frühjahr Spinnweben auf dem Feld einen schwülen Sommer gibt.

Mai Am ersten Tag gibt es Frost, ab dem 2. ist es ganz schön und warm, gelegentlich mit Donner und Gewitter. Der 22. ist trüb, unlustig verregnet, wartet mit Hagel auf. Vom 29. bis zum Ende des Monats kommen Reif, Eis und Frost. Wenn der Wein nicht so großes Laub gehabt hätte, so wäre alles erfroren.

Juni Anfänglich Reif und raue Luft. Der Reif hält an bis zum 7., dann wird es schön warm bis zum 11. Da gibt es Wind, Regen und es wird schaurig. Am 13. hat es weißen Reif und Eis und es ist gefroren, am 17. und 18 gibt es wiederum Eis und Reif. Darauf wird das Wetter warm und recht heiß. Am Ende des Monat zieht veränderliches Wetter auf.

Juli Der Juli fängt an mit kühlem Wetter, das dauert bis zum 9. Es gibt erneut Reif. Ab dem 11. beginnt heißes Wetter, das bis zum Ende anhält. Die Nächte sind kühl. Es herrscht große Dürre.

August Fängt an mit warmem Wetter, danach wird es wechselhaft und unlustig bis zum 10. Ab diesem fängt das schöne warme Wetter an, das bis zum 29. dauert. Bis zum Ende des Monats ist es ungestüm.

September Er beginnt mit unlustigem, ungestümem Wetter und Regen bis zum 9. Dann wird es schön bis zum 14. Danach regnet es drei Tage, drei Tage ist es schön. Am 20. regnet es bis zum 25, danach wird es schön. Vom 28. bis zum Monatsende ist es wieder warm und schön.

> **Was die Pflanzen sagen**
> Wenn die Esche Knospen trägt, gibt es keinen Frost mehr.

120

Oktober Bis zum 7. gibt es schönes Wetter, dann trübt es sich wieder ein. Der 13., 14. und 15. sind eine schöne lustige Zeit. Am 16. fängt es zu reifen an, das bis zum 27. dauert. Es gefriert am 18., 24., 25., 26. Nachmittags ist das Wetter allzeit schön warm, vom 27. bis zum Ende des Monats wird es trüb und nebelig sein.

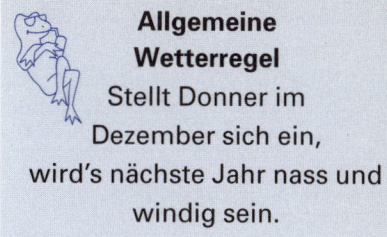

Allgemeine Wetterregel
Stellt Donner im Dezember sich ein, wird's nächste Jahr nass und windig sein.

November Fängt mit schönem lustigem Wetter an, das bis auf den 6. anhält. Danach beginnt es zu regnen, Schnee fällt vom 10. bis 16. Drei Tage ist es wieder schön, danach unlustiges Wetter bis zum Monatsende.

Dezember Das unlustige Wetter währt mit Trübe, Nebel und Schnee bis zum 9. Dann ist es trocken bis zum 12. Rau und frostig wird es bis zum 27. Danach regnet es, am 30. und 31. feines Wetter.

Januar Der Januar ist nicht aufgezeichnet worden. Er ist vermutlich aber trocken und ziemlich kalt, doch nicht zu kalt.

Februar Ist schön und lustig von Anfang an. Vom 12. bis 17. Schnee und Wind, danach bis zum Ende überaus kaltes Wetter.

Kälte sagt sich an
Wenn man im Weinmond am Abend die Schafe mit Gewalt eintreiben muss, fällt im Winter viel Schnee.

März Fängt an mit kaltem Wetter in der Frühe, abends taut es. Den 7. und 8. regnet und schneit es durcheinander, ab dem 9. bis 23. gefriert es hart. Der 24., 25., 26. sind trüb und regnerisch. Danach bleibt es bis zum Monatsende gefroren.

Zeit- und Festrechnung für das Sonnenjahr 2003

Das Sonnenjahr 2003 ist nach gregorianischer Zeitrechnung ein Gemeinjahr von 365 Tagen.

Ein Unwetter zieht herauf
Gewitter wird erwartet, wenn Morgennebel über die Felder zieht.

Januar – Wintermond 2003

			Lauf des Mondes
1. Mittwoch	**Neujahr**	Lostag	
2. Donnerstag	**Neumond**	Schwendtag	
3. Freitag		Schwendtag	
4. Samstag		Schwendtag	
5. Sonntag			
6. Montag	**Heilige Drei Könige**	Lostag	
7. Dienstag			
8. Mittwoch			
9. Donnerstag			
10. Freitag		Lostag	
11. Samstag			
12. Sonntag			
13. Montag			
14. Dienstag			
15. Mittwoch		Lostag	
16. Donnerstag			
17. Freitag		Lostag	
18. Samstag	**Vollmond**	Schwendtag	
19. Sonntag			
20. Montag		Lostag	
21. Dienstag		Lostag	
22. Mittwoch		Lostag	
23. Donnerstag			
24. Freitag		Lostag	
25. Samstag		Lostag	
26. Sonntag			
27. Montag			
28. Dienstag			
29. Mittwoch			
30. Donnerstag			
31. Freitag		Lostag	

Februar – Hornung 2003

				Lauf des Mondes
1.	Samstag	**Neumond**	Schwendtag	
2.	Sonntag	**Mariä Lichtmess**	Lostag	
3.	Montag		Schwendtag	
4.	Dienstag			
5.	Mittwoch		Lostag	
6.	Donnerstag		Schwendtag	
7.	Freitag			
8.	Samstag		Schwendtag	
9.	Sonntag			
10.	Montag			
11.	Dienstag			
12.	Mittwoch			
13.	Donnerstag			
14.	Freitag	**Valentinstag**	Lostag	
15.	Samstag			
16.	Sonntag	**Vollmond**	Schwendtag	
17.	Montag			
18.	Dienstag			
19.	Mittwoch			
20.	Donnerstag			
21.	Freitag			
22.	Samstag		Lostag	
23.	Sonntag			
24.	Montag		Lostag	
25.	Dienstag			
26.	Mittwoch			
27.	Donnerstag			
28.	Freitag			

März – Saatmond 2003

			Lauf des Mondes
1.	Samstag	Lostag	
2.	Sonntag		
3.	Montag	**Neumond**	Lostag
4.	Dienstag		
5.	Mittwoch		
6.	Donnerstag		
7.	Freitag		
8.	Samstag		
9.	Sonntag	Lostag	
10.	Montag	Lostag	
11.	Dienstag		
12.	Mittwoch	Lostag	
13.	Donnerstag	Schwendtag	
14.	Freitag	Schwendtag	
15.	Samstag	Schwendtag	
16.	Sonntag		
17.	Montag	Lostag	
18.	Dienstag	**Vollmond**	
19.	Mittwoch	Lostag	
20.	Donnerstag		
21.	Freitag	**Frühlingsanfang**	
22.	Samstag		
23.	Sonntag		
24.	Montag		
25.	Dienstag	Lostag	
26.	Mittwoch	Lostag	
27.	Donnerstag	Lostag	
28.	Freitag		
29.	Samstag	Schwendtag	
30.	Sonntag		
31.	Montag		

April – Ostermond 2003

				Lauf des Mondes
1.	Dienstag		**Neumond**	
2.	Mittwoch		Lostag	
3.	Donnerstag			
4.	Freitag		Lostag	
5.	Samstag			
6.	Sonntag			
7.	Montag			
8.	Dienstag			
9.	Mittwoch			
10.	Donnerstag			
11.	Freitag			
12.	Samstag			
13.	Sonntag			
14.	Montag		Lostag	
15.	Dienstag			
16.	Mittwoch		**Vollmond**	
17.	Donnerstag	**Gründonnerstag**	Schwendtag	
18.	Freitag	**Karfreitag**		
19.	Samstag		Schwendtag	
20.	Sonntag	**Ostersonntag**		
21.	Montag	**Ostermontag**	Lostag	
22.	Dienstag			
23.	Mittwoch		Lostag	
24.	Donnerstag		Lostag	
25.	Freitag		Lostag	
26.	Samstag			
27.	Sonntag			
28.	Montag		Lostag	
29.	Dienstag			
30.	Mittwoch			

Mai – Saatmond 2003

			Lauf des Mondes
1. Donnerstag	Neumond		🐂
2. Freitag			🐂
3. Samstag		Schwendtag	🐂
4. Sonntag		Lostag	👫
5. Montag			👫
6. Dienstag			🦂
7. Mittwoch		Schwendtag	🦂
8. Donnerstag		Schwendtag	🦂
9. Freitag			🦁
10. Samstag		Schwendtag	🦁
11. Sonntag		Lostag	♍
12. Montag		Lostag	♍
13. Dienstag		Lostag	⚖
14. Mittwoch		Lostag	⚖
15. Donnerstag		Lostag	🦂
16. Freitag	Vollmond/Mondfinsternis		🦂
17. Samstag		Schwendtag	🏹
18. Sonntag			🏹
19. Montag			🐐
20. Dienstag			🐐
21. Mittwoch			♒
22. Donnerstag			♒
23. Freitag			🐟
24. Samstag			🐟
25. Sonntag		Lostag	🐟
26. Montag			🐏
27. Dienstag			🐏
28. Mittwoch			🐂
29. Donnerstag	Christi Himmelfahrt		🐂
30. Freitag			🐂
31. Samstag	Neumond/Sonnenfinsternis	Schwendtag	👫

Juni – Rosenmond 2003

				Lauf des Mondes
1.	Sonntag		Schwendtag	
2.	Montag			
3.	Dienstag			
4.	Mittwoch			
5.	Donnerstag			
6.	Freitag			
7.	Samstag			
8.	Sonntag	**Pfingstsonntag**	Lostag	
9.	Montag	**Pfingstmontag**	Schwendtag	
10.	Dienstag			
11.	Mittwoch		Lostag	
12.	Donnerstag			
13.	Freitag			
14.	Samstag	**Vollmond**		
15.	Sonntag		Lostag	
16.	Montag			
17.	Dienstag		Schwendtag	
18.	Mittwoch			
19.	Donnerstag	**Fronleichnam**	Lostag	
20.	Freitag			
21.	Samstag	**Sommeranfang**		
22.	Sonntag			
23.	Montag			
24.	Dienstag		Lostag	
25.	Mittwoch			
26.	Donnerstag			
27.	Freitag		Lostag	
28.	Samstag			
29.	Sonntag	**Neumond**	Lostag	
30.	Montag		Schwendtag	

Juli – Erntemond 2003

			Lauf des Mondes
1. Dienstag			🦂
2. Mittwoch		Lostag	🦁
3. Donnerstag			🦁
4. Freitag		Lostag	♍
5. Samstag		Schwendtag	♍
6. Sonntag		Schwendtag	♍
7. Montag			⚖
8. Dienstag		Lostag	⚖
9. Mittwoch			🦂
10. Donnerstag		Lostag	🦂
11. Freitag			🏹
12. Samstag			🏹
13. Sonntag	**Vollmond**		♑
14. Montag			♑
15. Dienstag		Lostag	♒
16. Mittwoch			♒
17. Donnerstag		Lostag	♓
18. Freitag			♓
19. Samstag		Schwendtag	♈
20. Sonntag		Lostag	♈
21. Montag			♈
22. Dienstag		Schwendtag	♉
23. Mittwoch			♉
24. Donnerstag			♊
25. Freitag		Lostag	♊
26. Samstag		Lostag	♊
27. Sonntag			🦂
28. Montag		Schwendtag	🦂
29. Dienstag	**Neumond**		🦁
30. Mittwoch			🦁
31. Donnerstag			🦁

August – Sommermond 2003

			Lauf des Mondes
1. Freitag			♒
2. Samstag			♒
3. Sonntag			♎
4. Montag		Lostag	♎
5. Dienstag		Lostag	♏
6. Mittwoch			♏
7. Donnerstag			♐
8. Freitag			♐
9. Samstag			♑
10. Sonntag		Lostag	♑
11. Montag			♒
12. Dienstag	**Vollmond**		♒
13. Mittwoch			♒
14. Donnerstag			♓
15. Freitag	**Mariä Himmelfahrt**	Lostag	♓
16. Samstag		Lostag	♌
17. Sonntag		Schwendtag	♌
18. Montag			♉
19. Dienstag		Lostag	♉
20. Mittwoch			♉
21. Donnerstag		Schwendtag	♊
22. Freitag		Schwendtag	♊
23. Samstag			♋
24. Sonntag			♋
25. Montag			♋
26. Dienstag			♌
27. Mittwoch	**Neumond**		♌
28. Donnerstag		Lostag	♒
29. Freitag		Schwendtag	♒
30. Samstag			♎
31. Sonntag			♎

September – Herbstmond 2003

			Lauf des Mondes
1. Montag		Lostag	
2. Dienstag		Schwendtag	
3. Mittwoch			
4. Donnerstag			
5. Freitag			
6. Samstag			
7. Sonntag			
8. Montag			
9. Dienstag		Lostag	
10. Mittwoch	**Vollmond**		
11. Donnerstag		Lostag	
12. Freitag		Schwendtag	
13. Samstag			
14. Sonntag		Lostag	
15. Montag		Großer Schwendtag	
16. Dienstag		Lostag	
17. Mittwoch		Lostag	
18. Donnerstag		Schwendtag	
19. Freitag			
20. Samstag			
21. Sonntag		Schwendtag	
22. Montag		Schwendtag	
23. Dienstag	**Herbstanfang**	Schwendtag	
24. Mittwoch		Schwendtag	
25. Donnerstag		Schwendtag	
26. Freitag	**Neumond**	Schwendtag	
27. Samstag		Schwendtag	
28. Sonntag		Schwendtag	
29. Montag		Lostag	
30. Dienstag			

Oktober – Weinmond 2003

			Lauf des Mondes
1. Mittwoch			
2. Donnerstag	Lostag		
3. Freitag	Schwendtag		
4. Samstag			
5. Sonntag			
6. Montag	Schwendtag		
7. Dienstag			
8. Mittwoch	Lostag		
9. Donnerstag	Lostag		
10. Freitag		**Vollmond**	
11. Samstag	Schwendtag		
12. Sonntag			
13. Montag			
14. Dienstag			
15. Mittwoch	Lostag		
16. Donnerstag	Lostag		
17. Freitag			
18. Samstag			
19. Sonntag			
20. Montag			
21. Dienstag	Lostag		
22. Mittwoch			
23. Donnerstag	Lostag		
24. Freitag			
25. Samstag		**Neumond**	
26. Sonntag			
27. Montag			
28. Dienstag	Lostag		
29. Mittwoch			
30. Donnerstag			
31. Freitag	Lostag		

November – Jagdmond 2003

				Lauf des Mondes
1.	*Samstag*	**Allerheiligen**	Lostag	
2.	*Sonntag*		Lostag	
3.	*Montag*			
4.	*Dienstag*			
5.	*Mittwoch*			
6.	*Donnerstag*			
7.	*Freitag*			
8.	*Samstag*			
9.	*Sonntag*	**Vollmond/Mondfinsternis**		
10.	*Montag*			
11.	*Dienstag*		Lostag	
12.	*Mittwoch*		Schwendtag	
13.	*Donnerstag*			
14.	*Freitag*			
15.	*Samstag*		Lostag	
16.	*Sonntag*			
17.	*Montag*			
18.	*Dienstag*			
19.	*Mittwoch*		Lostag	
20.	*Donnerstag*			
21.	*Freitag*		Lostag	
22.	*Samstag*			
23.	*Sonntag*	**Neumond/Sonnenfinsternis**	Lostag	
24.	*Montag*			
25.	*Dienstag*		Lostag	
26.	*Mittwoch*			
27.	*Donnerstag*			
28.	*Freitag*			
29.	*Samstag*			
30.	*Sonntag*	**1. Advent**	Lostag	

Dezember – Christmond 2003

				Lauf des Mondes
1.	Montag		Lostag	
2.	Dienstag		Lostag	
3.	Mittwoch			
4.	Donnerstag		Lostag	
5.	Freitag			
6.	Samstag	**Nikolaus**	Lostag	
7.	Sonntag	**2. Advent**		
8.	Montag	**Vollmond**	Lostag	
9.	Dienstag			
10.	Mittwoch			
11.	Donnerstag			
12.	Freitag			
13.	Samstag		Lostag	
14.	Sonntag	**3. Advent**		
15.	Montag		Schwendtag	
16.	Dienstag			
17.	Mittwoch			
18.	Donnerstag			
19.	Freitag			
20.	Samstag			
21.	Sonntag	**4. Advent**	Lostag	
22.	Montag	**Winteranfang**		
23.	Dienstag	**Neumond**		
24.	Mittwoch	**Heiliger Abend**	Lostag	
25.	Donnerstag	**Weihnachten**	Lostag	
26.	Freitag	**2. Weihnachtsfeiertag**		
27.	Samstag			
28.	Sonntag		Lostag	
29.	Montag			
30.	Dienstag			
31.	Mittwoch	**Silvester**		

Das Venusjahr
2004

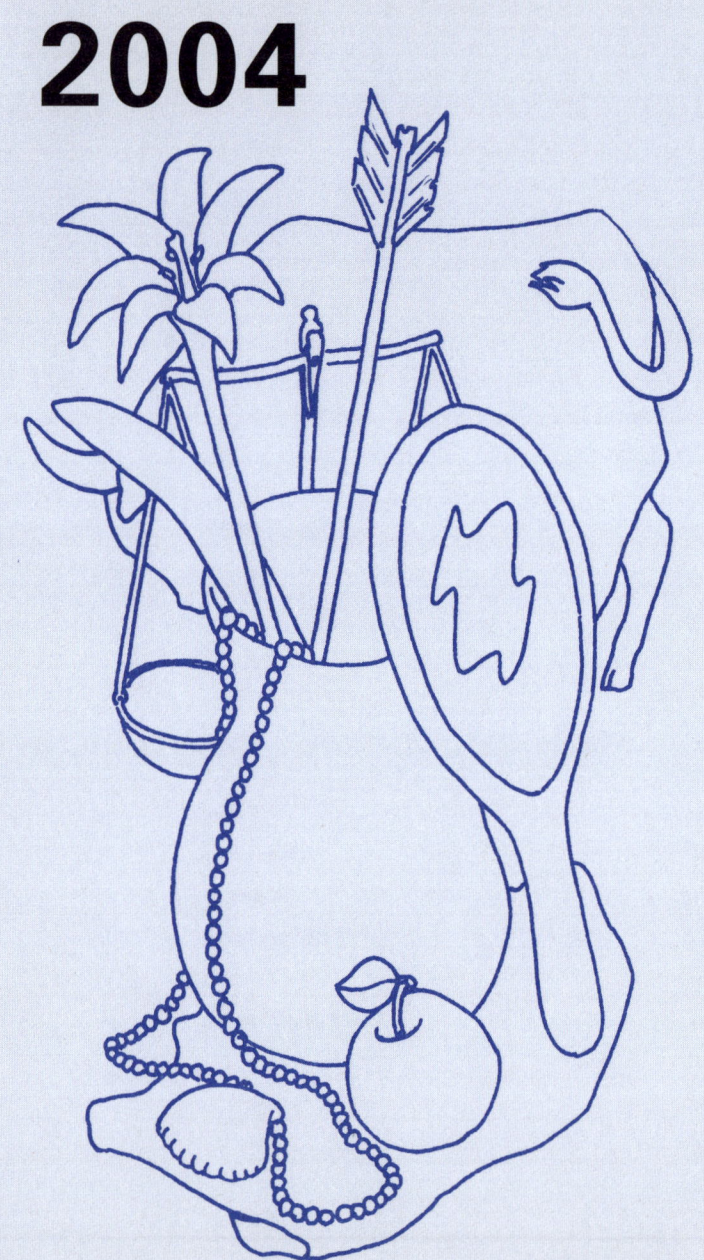

Original-Zitat

Venus ist ein schöner, weiß glänzender Stern. Sie wird neben Sonne und Mond am häufigsten gesehen und vollendet alle Jahre einmal ihren Lauf um die Sonne. Ihrer Natur nach ist Venus feucht und warm, aber nicht so warm wie Jupiter. Sie gilt als weibisch, temperiert und in allen Aspekten gütig. Sie wird »fortuna minor« genannt. Die Frauen macht Venus schön mit langen Haaren, sie gibt ihnen ein rundes Gesicht und runde Augen. Sie begünstigt die ihr untertanen Menschen fast so wie Jupiter, die dem Müßiggang und den Wollüsten ergeben sind. Das Wohlwollen von Venus gehört Jünglingen, Mägdlein, Konkubinen, Ehefrauen, Köchen, Musikanten, Freunden und Verwandten. Sie macht milde und sanftmütig, barmherzig, freundlich, höflich, wohlgeputzt. Sie schützt außerdem Tänzer, Freier und alle, die gern lustig und in Gesellschaft sind, Seidensticker, Bortenwirker, Maler, Poeten. Im Körper der Menschen zugeordnet sind ihr die Gebärmutter, Nieren, Geburtsglieder, die Geschlechtsorgane, Brüste, Kehle, Lenden, Leber und der Geruchssinn.

Sonnenfinsternisse

19. April	partiell; in Deutschland nicht sichtbar
14. Oktober	partiell; in Mitteleuropa sichtbar

Mondfinsternisse

4. Mai	total; nicht sichtbar
28. Oktober	total; sichtbar

Das Wetter im Venusjahr

Das Venusjahr ist jederzeit mehr feucht als trocken, wenn man alle Teile des Jahres zusammennimmt. Es ist schwül und ziemlich warm.

Frühling

Weil im vorhergehenden Sonnenjahr die Kälte ziemlich lange dauert, gibt es einen späten Frühling. Dieser Frühling ist allezeit feucht, normal temperiert und für alle Früchte förderlich. Bisweilen aber ist es auch gar zu nass, so dass man nicht gut säen kann, besonders wo es nasse Felder hat. Ein später Frost ist nicht zu befürchten. Wo der Same gut aufgegangen ist, kann man die Schafe wohl darauf treiben. Man kann sie auch länger auf den Wiesen lassen als in anderen Jahren.

Sommer

Wenn die Nässe im Frühjahr nicht gar zu groß und lang anhaltend ist, folgt ein warmer, schwüler Sommer, wie er gewöhnlich zu sein pflegt. Regnet es aber ständig im Frühjahr, so folgt ein heißer, dürrer Sommer. Das geschieht selten, doch dann wächst ein Hauptwein. Es muss auch befürchtet werden, dass viel Heu und Getreide auf dem Feld bleibe und verfaule. Darum sollte man die Feiertage nachmittags nutzen, damit das Getreide hereinkomme. Notabene: Wenn es im Venusjahr einen dürren Sommer gibt, so wird das Getreide teuer. Einen dürren Sommer gibt es dann, wenn im Februar, März, April, Mai zuvor eine Sonnenfinsternis zu sehen war oder im vorigen Sonnenjahr ein Komet erschienen ist.

Regen kommt

Weht von der Seite, woher der Regen kommt, kalter Wind, regnet's noch mehr.

Herbst

Der Herbst ist gewöhnlich warm und schön, währt aber nicht lange. Darum ist mit allem Fleiß zu trachten, dass die Weinberge und auch der Winterbau zeitig gedeckt werden, denn um Mitte November wintert es gewöhnlich zu und taut vor Weihnachten auch nicht wieder auf.

Winter

Der Winter ist anfangs leidlich trocken, danach, besonders vom 12. Februar bis zum Ende, ganz feucht. Es kommen große Wassergüsse, die den Häusern, Menschen und Vieh Schaden zufügen. Notabene:

Obwohl die großen Regengüsse nicht immer häufig sind, so bleibt dieser Winter doch immer warm und feucht.

Wind, Güsse und Ungewitter

Das Venusjahr hat sehr viele und fast täglich große Ungewitter, die zwar keine Feuer anzünden, aber große Wolkenbrüche und Güsse können auf den Brachfeldern zu großen Überschwemmungen führen.

Schönes Wetter kündigt sich an

Wenn kurz vor Vollmond der Sonn' Aufgang neblig war, wird's Wetter in den nächsten Tagen warm und klar.

Ratschläge für Haus und Hof
Sommerbau

Wenn der Frühling gar zu nass ist, dass es schier täglich regnet, so sehe man zu, dass der Same zeitig ins Feld gebracht wird, denn es folgt ein hitziger, dürrer Sommer, da es etliche Wochen nicht regnet. Ist der Frühling aber nicht übermäßig nass, folgt ein warmer, feuchter Sommer. Daher muss man sich mit der Aussaat nicht eilen. Ist nun der Sommer aber heiß und dürr, so bleiben die Sommerfrüchte sehr zurück. Ist er aber feucht, wie er gewöhnlich zu sein pflegt, so geraten alle Sommerfrüchte im Überfluss. Es kommt dann nur noch darauf an, wie man sie ohne Schaden einbringt.

Wenn man nun im Frühling sieht, dass es nicht alle Tage regnet, dann sollte man die Hülsenfrüchte wie Wicken, Erbsen, Linsen auf magere Felder säen, sonst wachsen sie zu sehr aus und faulen.

Wenn es einen dürren Sommer gibt, werden Flachs und Hanf nicht gut geraten. Sonst aber gerät beides sehr gut. Im Venusjahr wächst allezeit viel Heu, auch Grummet genug, es sei denn, dass der Sommer dürr und trocken gewesen ist, dann bleibt es zurück.

Was die Tiere sagen

Kommt die Feldmaus ins Dorf, sieh nach Holz und Torf.

Winterbau

Wie das Venusjahr auch ausfällt, so wird an Korn und Weizen viel Stroh, aber wenig gut. Es sei denn, dass man den frischen Samen im Frühling abhüte, so wird das Stroh besser. Man gebe fleißig acht, dass man es unverfault und unausgewachsen hereinbringe.

Was die Pflanzen sagen

Wenn die Bucheckern
geraten wohl,
Nuß- und Eichbaum hängen voll,
so folgt ein harter Winter drauf
und fällt der Schnee in großem Hauf.

Herbstsaat

Im Herbst soll man, wegen des frühen Winters, zeitig säen. Wegen der großen Güsse mitten und bis zum Ende des Winters hin soll der Same untergesät werden, damit er nicht ausgewaschen wird.

Obst

Im Venusjahr gibt es unterschiedlich gutes Obst. Wenn der Frühling übermäßig nass ist, so wird es in allem gar wenig. Ist der Frühling aber warm, wie normalerweise, so wachsen viel Kirschen, Zwetschgen und Äpfel, aber nicht viel Birnen, genügend Nüsse, aber keine Eicheln, obwohl sie schon im Frühling blühen. Kirschen und Weichseln (Sauerkirschen) gibt es jederzeit.

Hopfen

Hopfen wächst im Venusjahr sehr viel und von guter Qualität. Man kaufe außerdem für das künftige Jahr genügend Vorrat ein, wenn er nicht so wohlgerät.

Weinbau

Das Venusjahr hat einen vollkommenen Herbst, doch: Es faulen aber die Trauben unter diesem Planeten schneller als unter allen anderen. Der Wein hat von dem Frost weder im Frühling noch im Herbst eine Gefahr. Dass er im Jahre 1626 erfroren ist, das haben Hexen und Unholde getan. Wächst im Venusjahr kein Hauptwein, so wird es doch ein trefflich guter Speisewein. Unter keinem anderen Planeten wächst ein gesünderer Wein als unter der Venus. Die Weinberge müssen zeitig gedeckt werden, denn nach Martini (11. November) kann man wegen des Frosts nicht mehr in die Erde kommen. Was in den vorigen zwei Jahren beim Weineinkauf versäumt wurde, sollte jetzt angegangen werden, denn die drei nachfolgenden Jahre bringen Missernten mit

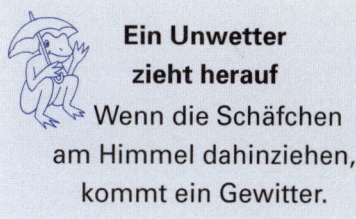

Ein Unwetter zieht herauf
Wenn die Schäfchen am Himmel dahinziehen, kommt ein Gewitter.

schlechtem Wein. Tust du es nicht im Herbst, so versäume es nicht in der Ablasszeit (Fastenzeit) und im folgenden Frühjahr zu tun. Das kann ein gutes Weinjahr sein, aber die Hoffnung ist vergebens. Man sehe sich auch vor mit Getreide.

Ungeziefer

Das Venusjahr hat sehr viel Ungeziefer wie Kröten, Schlangen, Schmetterlinge, Heuschrecken. Im Sommer und Herbst gibt es sehr viele Mäuse, die nicht nur den Früchten auf dem Feld, sondern auch vor allem dem unausgedroschenen Getreide in den Stadeln großen Schaden zufügen. So wachsen auch die Würmer häufig im Getreide auf dem Speicherboden.

Fische

Fische gibt es im Venusjahr genug, aber nur wenig Lachsforellen.

Regen kommt
Regen wird es geben, wenn die Luft klar und die Fernsicht ungewöhnlich gut ist.

Krankheiten

In diesem Jahr regieren allerlei Krankheiten, die sich in den Geschlechtsorganen von Mann und Frau zu zeigen pflegen. Auch Leber und Magen, aus kalter und feuchter Materie entsprungen, sind geschwächt. Ferner gibt es französische Krankheiten (Geschlechtskrankheiten), Durchfall, Erkältung des Magens, innere Geschwüre und Seitenstechen und an manchen Orten brechen Seuchen aus.

Die Partikularwitterung der Venus

März Ab 21. gefroren, bald warm, bald trüb, bald wieder gefroren und raue Luft, bald Wind und Regen.

April Anfangs wie vorher, am 4. Schnee. Ist bald lustig, bald schön, bald wieder Regen, Schnee, Wind und unbeständig. Am 15. schön, am 16. raue Winde, darauf Reif und Frost bis zum 30. Dann wird es warm.

Mai Ist zuerst schön und warm, am 6. Gewitter, Regen bis zum 17. Dann wieder feines Wetter. Vom 24. raue Luft bis zum 29., danach schön warm

> **Was die Tiere sagen**
> Wenn die Bienen zeitig verkitten, kommt bald harter Winter geschritten.

Juni Ist anfänglich warm und schön bis zum 21., bisweilen kommen Gewitter mit Regen, danach fast täglich Donnerwetter, Regen und unlustig bis zum Ende.

Juli Ist am Anfang trüb und melancholisch, am 3. und 4. Reif, nachmittags Donner und Regen, danach schön. Am 10. wieder Regenwetter bis zum 15., am 16. und 17. schönes Heuwetter. Danach Regen bis zum 24., dann ist es wieder drei Tage schön. Vom 27. bis 30. Donner und viel Regen, der 31. ist ein schöner Tag.

August Es regnet von Anfang an bis zum 8. Nach einem schönen Tag wieder Regen bis zum 14., der auch schön ist. Danach schöne, warme Erntezeit bis zum 25., von da an bis zum Ende des Monats Regenwetter, außer dem letzten Tag (31.), der schön ist.

> **Kälte sagt sich an**
> Im August blüht Schnee für den nächsten Winter, wenn weiße Wolken ziehen.

September Fängt schön an, am 3. ist es windig und trüb. Am 4., 5. und 6. hat es Reif, am 7. ist es schön. Am 8. und 9. ungeschlachtes Wetter, am 10. Reif. Am 1. Regen, danach schönes, warmes Wetter. Am 19., 20. und 21. ist es trüb mit Regen, danach ist das Wetter bis zum Ende schön.

Oktober Der 1. Tag ist schön, am nächsten Tag Donner, Blitz und großer Regen. Danach unlustig bis zum 9. Ab dem 10. wird es wieder schön warm bis zum 14., nachmittags regnet es. Schöne Tage bis zum 28., dann friert es. Am 30. Schnee, am 31. ist es trüb und nieselt.

November Er fängt trüb an mit kalten und rauen Winden. Der 6. und 7. sind schöne lustige Tage, am 8. fällt Regenwetter ein, das bis zum 17. währt, an dem es hart gefriert. Am 11. schneit es den ganzen Tag, danach täglich bis zum Ende des Monats. Die letzten Tage ist es sehr kalt, der Schnee bleibt bis Weihnachten liegen.

Dezember Ab dem 2. ist es kalt, darauf schneit es täglich. Am 7. regnet es, am 9. fängt es an zu frieren und sich aufzuhellen. Vom 20. bis 25. unlustiges Regenwetter, es bleibt bis zum Ende des Monats kalt.

Januar Die vorhergehende Kälte dauert an. Am 7. schneit es, am 8. wird es wieder kalt bis zum 15. Nach diesem Tag wird es mild. Von da an schneit und regnet es bis zum 23., wonach es wieder kalt wird. Am 30. wird es wieder wärmer.

Regen kommt
Wenn Bergspitzen düster und nebelig ausschauen, kommen bei Ostwind Wolken aus Südwesten.

Februar Der Februar fängt trüb an, der 4. wird ein schöner lustiger Tag. Darauf wird es unlustig, am 8. fällt große Kälte ein. Der 9. wird so kalt, wie es schon seit vielen Jahre nicht mehr gewesen war. Am 10. und 11. ist es unleidlich kalt, am 12. wird es plötzlich warm mit Regen, der den ganzen Schnee hinwegschwemmt, wodurch es zu großen Überschwemmungen kommt. Das weiche, warme Wetter dauert bis zum 27., danach ist es bis zum Ende des Monats rau und unlustig mit Frost, Regen und Schnee. Am 15. war das Hochwasser am allergrößten, dergleichen sich kein Mensch erinnern kann, und hat vielen Orten unaussprechlichen Schaden gebracht und Häuser und Menschen mit hinweggerissen.

März Fängt an mit Wärme und Regen und dauert also fort. Der 11. und 12. sind zwei herrliche, schöne Fastentage. Dann gibt es wieder Regen bis zum 25., danach hellt es sich auf, es wird schön und warm bis zum Ende.

Zeit- und Festrechnung für das Venusjahr 2004

Das Venusjahr 2004 ist nach gregorianischer Zeitrechnung ein Schaltjahr von 366 Tagen.

Januar – Wintermond 2004

				Lauf des Mondes
1.	Donnerstag	**Neujahr**	Lostag	
2.	Freitag		Schwendtag	
3.	Samstag		Schwendtag	
4.	Sonntag		Schwendtag	
5.	Montag			
6.	Dienstag	**Heilige Drei Könige**	Lostag	
7.	Mittwoch	**Vollmond**		
8.	Donnerstag			
9.	Freitag			
10.	Samstag		Lostag	
11.	Sonntag			
12.	Montag			
13.	Dienstag			
14.	Mittwoch			
15.	Donnerstag		Lostag	
16.	Freitag			
17.	Samstag		Lostag	
18.	Sonntag		Schwendtag	
19.	Montag			
20.	Dienstag		Lostag	
21.	Mittwoch	**Neumond**	Lostag	
22.	Donnerstag		Lostag	
23.	Freitag			
24.	Samstag		Lostag	
25.	Sonntag		Lostag	
26.	Montag			
27.	Dienstag			
28.	Mittwoch			
29.	Donnerstag			
30.	Freitag			
31.	Samstag		Lostag	

Februar – Hornung 2004

1. Sonntag		Schwendtag	♊
2. Montag	**Mariä Lichtmess**	Lostag	♊
3. Dienstag			♋
4. Mittwoch		Schwendtag	♋
5. Donnerstag		Lostag	♋
6. Freitag	**Vollmond**	Schwendtag	♌
7. Samstag			♌
8. Sonntag		Schwendtag	♍
9. Montag			♍
10. Dienstag			♎
11. Mittwoch			♎
12. Donnerstag			♏
13. Freitag			♏
14. Samstag	**Valentinstag**	Lostag	♐
15. Sonntag			♐
16. Montag		Schwendtag	♐
17. Dienstag			♑
18. Mittwoch			♑
19. Donnerstag			♒
20. Freitag	**Neumond**		♒
21. Samstag			♓
22. Sonntag		Lostag	♓
23. Montag			♈
24. Dienstag		Lostag	♈
25. Mittwoch			♉
26. Donnerstag			♉
27. Freitag			♉
28. Samstag			♊
29. Sonntag	**Schalttag**		♊

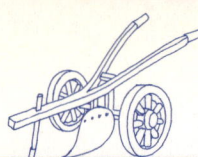

März – Saatmond 2004

1.	Montag	Lostag	🦞
2.	Dienstag		🦞
3.	Mittwoch	Lostag	🦞
4.	Donnerstag		🦁
5.	Freitag		🦁
6.	Samstag	**Vollmond**	♌
7.	Sonntag		♌
8.	Montag		♎
9.	Dienstag	Lostag	♎
10.	Mittwoch	Lostag	♎
11.	Donnerstag		🦂
12.	Freitag	Lostag	🦂
13.	Samstag	Schwendtag	♐
14.	Sonntag	Schwendtag	♐
15.	Montag	Schwendtag	♑
16.	Dienstag		♑
17.	Mittwoch	Lostag	♒
18.	Donnerstag		♒
19.	Freitag	Lostag	♓
20.	Samstag	**Neumond/Frühlingsanfang**	♓
21.	Sonntag	Lostag	♈
22.	Montag		♈
23.	Dienstag		♈
24.	Mittwoch		♉
25.	Donnerstag	Lostag	♉
26.	Freitag	Lostag	♊
27.	Samstag	Lostag	♊
28.	Sonntag		♊
29.	Montag	Schwendtag	🦞
30.	Dienstag		🦞
31.	Mittwoch		🦁

April – Ostermond 2004

			Lauf des Mondes
1. Donnerstag			
2. Freitag		Lostag	
3. Samstag			
4. Sonntag		Lostag	
5. Montag	**Vollmond**		
6. Dienstag			
7. Mittwoch			
8. Donnerstag	**Gründonnerstag**	Schwendtag	
9. Freitag	**Karfreitag**		
10. Samstag			
11. Sonntag	**Ostersonntag**		
12. Montag	**Ostermontag**	Lostag	
13. Dienstag			
14. Mittwoch		Lostag	
15. Donnerstag			
16. Freitag			
17. Samstag			
18. Sonntag			
19. Montag	**Neumond/Sonnenfinsternis**	Schwendtag	
20. Dienstag			
21. Mittwoch			
22. Donnerstag			
23. Freitag		Lostag	
24. Samstag		Lostag	
25. Sonntag		Lostag	
26. Montag			
27. Dienstag			
28. Mittwoch		Lostag	
29. Donnerstag			
30. Freitag			

Mai – Wonnemond 2004

			Lauf des Mondes
1. *Samstag*			♍
2. *Sonntag*			♎
3. *Montag*		Schwendtag	♎
4. *Dienstag*	**Vollmond/Mondfinsternis**	Lostag	♏
5. *Mittwoch*			♏
6. *Donnerstag*			♐
7. *Freitag*		Schwendtag	♐
8. *Samstag*		Schwendtag	♑
9. *Sonntag*			♑
10. *Montag*		Schwendtag	♒
11. *Dienstag*		Lostag	♒
12. *Mittwoch*		Lostag	♒
13. *Donnerstag*		Lostag	♓
14. *Freitag*		Lostag	♓
15. *Samstag*		Lostag	♈
16. *Sonntag*			♈
17. *Montag*		Schwendtag	♉
18. *Dienstag*			♉
19. *Mittwoch*	**Neumond**		♉
20. *Donnerstag*	**Christi Himmelfahrt**		♊
21. *Freitag*			♊
22. *Samstag*			♋
23. *Sonntag*			♋
24. *Montag*			♋
25. *Dienstag*		Lostag	♌
26. *Mittwoch*			♌
27. *Donnerstag*			♍
28. *Freitag*			♍
29. *Samstag*			♍
30. *Sonntag*	**Pfingstsonntag**		♎
31. *Montag*	**Pfingstmontag**	Schwendtag	♎

Juni – Rosenmond 2004

			Lauf des Mondes
1. Dienstag		Schwendtag	
2. Mittwoch			
3. Donnerstag	**Vollmond**		
4. Freitag			
5. Samstag			
6. Sonntag			
7. Montag			
8. Dienstag		Lostag	
9. Mittwoch			
10. Donnerstag	**Fronleichnam**		
11. Freitag		Lostag	
12. Samstag			
13. Sonntag			
14. Montag			
15. Dienstag		Lostag	
16. Mittwoch			
17. Donnerstag	**Neumond**	Schwendtag	
18. Freitag			
19. Samstag		Lostag	
20. Sonntag			
21. Montag	**Sommeranfang**		
22. Dienstag			
23. Mittwoch			
24. Donnerstag		Lostag	
25. Freitag			
26. Samstag			
27. Sonntag		Lostag	
28. Montag			
29. Dienstag		Lostag	
30. Mittwoch		Schwendtag	

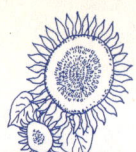

Juli – Erntemond 2004

				Lauf des Mondes
1.	Donnerstag			
2.	Freitag	**Vollmond**	Lostag	
3.	Samstag			
4.	Sonntag		Lostag	
5.	Montag		Schwendtag	
6.	Dienstag		Schwendtag	
7.	Mittwoch			
8.	Donnerstag		Lostag	
9.	Freitag			
10.	Samstag		Lostag	
11.	Sonntag			
12.	Montag			
13.	Dienstag			
14.	Mittwoch			
15.	Donnerstag		Lostag	
16.	Freitag			
17.	Samstag	**Neumond**	Lostag	
18.	Sonntag			
19.	Montag		Schwendtag	
20.	Dienstag		Lostag	
21.	Mittwoch			
22.	Donnerstag		Schwendtag	
23.	Freitag			
24.	Samstag			
25.	Sonntag		Lostag	
26.	Montag		Lostag	
27.	Dienstag			
28.	Mittwoch		Schwendtag	
29.	Donnerstag			
30.	Freitag			
31.	Samstag	**Vollmond**		

August – Sommermond 2004

				Lauf des Mondes
1.	Sonntag		Schwendtag	♒
2.	Montag			♒
3.	Dienstag			♓
4.	Mittwoch		Lostag	♓
5.	Donnerstag		Lostag	♈
6.	Freitag			♈
7.	Samstag			♉
8.	Sonntag			♉
9.	Montag			♉
10.	Dienstag		Lostag	♊
11.	Mittwoch			♊
12.	Donnerstag			♋
13.	Freitag			♋
14.	Samstag			♋
15.	Sonntag	**Mariä Himmelfahrt**	Lostag	♌
16.	Montag	**Neumond**	Lostag	♌
17.	Dienstag		Schwendtag	♍
18.	Mittwoch			♍
19.	Donnerstag		Lostag	♎
20.	Freitag			♎
21.	Samstag		Schwendtag	♎
22.	Sonntag		Schwendtag	♏
23.	Montag			♏
24.	Dienstag			♐
25.	Mittwoch			♐
26.	Donnerstag			♑
27.	Freitag			♑
28.	Samstag		Lostag	♒
29.	Sonntag		Schwendtag	♒
30.	Montag	**Vollmond**		♓
31.	Dienstag			♓

September – Herbstmond 2004

			Lauf des Mondes
1. Mittwoch		Lostag	
2. Donnerstag		Schwendtag	
3. Freitag			
4. Samstag			
5. Sonntag			
6. Montag			
7. Dienstag			
8. Mittwoch			
9. Donnerstag		Lostag	
10. Freitag			
11. Samstag		Lostag	
12. Sonntag		Schwendtag	
13. Montag			
14. Dienstag	**Neumond**	Lostag	
15. Mittwoch		Großer Schwendtag	
16. Donnerstag		Lostag	
17. Freitag		Lostag	
18. Samstag		Schwendtag	
19. Sonntag			
20. Montag			
21. Dienstag		Schwendtag	
22. Mittwoch	**Herbstanfang**	Schwendtag	
23. Donnerstag		Schwendtag	
24. Freitag		Schwendtag	
25. Samstag		Schwendtag	
26. Sonntag		Schwendtag	
27. Montag		Schwendtag	
28. Dienstag	**Vollmond**	Schwendtag	
29. Mittwoch		Lostag	
30. Donnerstag			

Oktober – Weinmond 2004

			Lauf des Mondes
1. Freitag			
2. Samstag		Lostag	
3. Sonntag		Schwendtag	
4. Montag			
5. Dienstag			
6. Mittwoch		Schwendtag	
7. Donnerstag			
8. Freitag		Lostag	
9. Samstag		Lostag	
10. Sonntag			
11. Montag		Schwendtag	
12. Dienstag			
13. Mittwoch			
14. Donnerstag	**Neumond/Sonnenfinsternis**		
15. Freitag		Lostag	
16. Samstag		Lostag	
17. Sonntag			
18. Montag			
19. Dienstag			
20. Mittwoch			
21. Donnerstag		Lostag	
22. Freitag			
23. Samstag		Lostag	
24. Sonntag			
25. Montag			
26. Dienstag			
27. Mittwoch			
28. Donnerstag	**Vollmond/Mondfinsternis**	Lostag	
29. Freitag			
30. Samstag			
31. Sonntag		Lostag	

November – Jagdmond 2004

				Lauf des Mondes
1.	Montag	**Allerheiligen**	Lostag	
2.	Dienstag		Lostag	
3.	Mittwoch			
4.	Donnerstag			
5.	Freitag			
6.	Samstag			
7.	Sonntag			
8.	Montag			
9.	Dienstag			
10.	Mittwoch			
11.	Donnerstag		Lostag	
12.	Freitag	**Neumond**	Schwendtag	
13.	Samstag			
14.	Sonntag			
15.	Montag		Lostag	
16.	Dienstag			
17.	Mittwoch			
18.	Donnerstag			
19.	Freitag		Lostag	
20.	Samstag			
21.	Sonntag		Lostag	
22.	Montag			
23.	Dienstag		Lostag	
24.	Mittwoch			
25.	Donnerstag		Lostag	
26.	Freitag	**Vollmond**		
27.	Samstag			
28.	Sonntag	**1. Advent**		
29.	Montag			
30.	Dienstag		Lostag	

Dezember – Christmond 2004

			Lauf des Mondes
1. Mittwoch		Lostag	
2. Donnerstag		Lostag	
3. Freitag			
4. Samstag		Lostag	
5. Sonntag	2. Advent		
6. Montag	Nikolaus	Lostag	
7. Dienstag			
8. Mittwoch		Lostag	
9. Donnerstag			
10. Freitag			
11. Samstag			
12. Sonntag	3. Advent/Neumond		
13. Montag		Lostag	
14. Dienstag			
15. Mittwoch		Schwendtag	
16. Donnerstag			
17. Freitag			
18. Samstag			
19. Sonntag	4. Advent		
20. Montag			
21. Dienstag	Winteranfang	Lostag	
22. Mittwoch			
23. Donnerstag			
24. Freitag	Heiliger Abend	Lostag	
25. Samstag	Weihnachten	Lostag	
26. Sonntag	2. Weihnachtsfeiertag/Vollmond		
27. Montag			
28. Dienstag		Lostag	
29. Mittwoch			
30. Donnerstag			
31. Freitag	Silvester		

Das Merkurjahr
2005

Original-Zitat

Merkur ist ein kleiner glänzender, aber nicht weiß scheinender Stern, allezeit bei der Sonne. Er ist von veränderlicher, unbeständiger Natur. Mit guten Konjunktionen und Aspekten ist er gut, mit bösen bös, mit männlichen männlich, mit weibischen weibisch, mit glücklichen glücklich, mit unglücklichen unglücklich, mit feuchten feucht, mit hitzigen hitzig. Merkur vollendet einmal jährlich seinen Lauf (um die Sonne).

Seine eigene Natur ist kalt und trocken. Den Menschen, die er unter sich hat, macht er lange Finger und gibt ihnen eine unbeständige Natur. Sie erdenken

> **Was der Mond verkündet**
> Bedrohliche, dunkle Wolken ohne Regen zur Zeit des alten Mondes deuten auf Trockenheit hin.

immer etwas anderes und sind nie ruhig, aber arglistig und verschlagen. Sie halten gern hinter dem Busch und machen ihre Sache nicht offenherzig. Sie sind wie jüngere Brüder und Knechte, desgleichen die einen guten Verstand haben wie Philosophen, Mathematiker, Schreiber, Kanzler, Kaufleute, Bildhauer und allerlei kunstfertige Meister, Verschmitzte, Betrügerische, Unbeständige, Vorwitzige, Fleißige; Merkur verleiht Reichtum durch Kunst und Kaufmannschaft.

Sonnenfinsternisse

19. April	partiell; in Deutschland nicht sichtbar
14. Oktober	partiell; in Mitteleuropa sichtbar

Mondfinsternisse

24. April	Halbschatten; nicht sichtbar
17. Oktober	partiell; sichtbar

Das Wetter im Merkurjahr

Das Jahr ist im Ganzen mehr trocken als feucht, auch mehr kalt als warm, selten fruchtbar. Der Frühling ist anfangs warm, der April sehr kalt. Der Sommer ist unbeständig, der Herbst bringt viel Regen. Im Winter gibt es viel Sturm.

Frühling

Der ausgehende März ist warm, die Wiesen fangen an zu grünen. Der April ist bis zum 24. trocken, kalt, ungeschlacht, danach schön lieblich und warm. Der Mai hat nach dem Anfang etliche raue Tage, danach wird es bisweilen warm und schön; öfter aber ist der ganze Frühling in der zweiten Hälfte kalt, rau und unmild, dass der Wein als auch der Winterbau in großer Gefahr ist und in der Blüte sehr erfriert. Desgleichen können die Gartenfrüchte nicht so recht vorankommen.

Allgemeine Wetterregel
Der Märzmonat keinen Tag wie den anderen hat

Sommer

Im Sommer hat es ziemlich viel Regen, von dem die Erde jedoch nicht recht erquickt wird. Es gibt immer schöne Tage zwischen dem Regenwetter, dass Heu und Getreide hereingebracht werden können; doch muss man vorsichtig sein und nicht säumen.

Herbst

Der erste Teil des Herbstes hat viel Regen und frühen Reif und Frost; wenn aber die Hälfte des Oktobers vorüber, so fällt endlich schönes trockenes Wetter ein und währet bis zum Anfang des Advents, wiewohl inzwischen bisweilen ein Reglein sich einmischt; deshalb braucht man sich sowohl mit der Weinlese und der Herbstsaat nicht so sehr zu eilen.

Schönes Wetter kündigt sich an
Völlig wolkenloser Mittag sichert klaren Abend.

Winter

Nach dem annehmlichen, schönen Herbst kommt anfangs Dezember der Winter. Es schneit zuerst auf den nassen Boden, danach gefriert es zu. Es herrscht große Kälte und Schnee bis in den Februar, der sich recht milde anlässt. Mitte Februar aber schneit es wieder zu, und es ist große Kälte bis gegen den 4. März. Danach wird es wieder milder, schneit aber gleich wieder zu; bis Ende März ist wieder große Kälte, gegen das Ende große Sturmwinde. Man muss genügend Futter herschaffen.

Wind, Güsse, Ungewitter

Die meisten Winde, die dieses Jahr wehen, sind der Ost-, manchmal der West-, selten aber der Nordwind. Bisweilen kommt im Sommer ein großer Guss, der die Wiesen manchmal mit Schlamm bedeckt. Auch hat dieses Jahr fast gar keine oder nur wenig Ungewitter und diese meistens Ende des Sommers.

Ratschläge für Haus und Hof

Sommerbau

Aller Sommerbau, außer der Hirse, gerät ziemlich wohl; es ist besonders ein gutes Gerstenjahr, die erste und letzte Saat ist am besten. Hafer, Wicken, Erbsen, Linsen wollen dieses Jahr in mittelmäßige Felder, die nicht zu trocken und nicht zu nass sind, gesät werden. Kraut und gelbe Rüben gedeihen wohl. In diesen Jahren tun die Raben dem Kraut

Regen kommt
Morgenrot mit
Regen droht.

wenig Schaden, aber die Schnecken machen sich daran. Bringt genügend und gutes Heu; wenn im Venusjahr ein trockener Sommer gewesen ist, so wächst im folgenden Merkurjahr viel Grummet, welches auch wohl hereinzubringen ist, wie spät es auch geschehe; wenn der vorhergegangene Sommer feucht gewesen ist, so wächst dies Jahr wenig oder gar kein Grummet. Die weißen Rüben fressen die Schnecken ab. Hanf und Flachs sind gut, aber der Hanf bleibt klein und kurz und wiegt nicht schwer.

Winterbau

Dieser ist unterschiedlich; wenn das vorige Jahr einen warmen, trockenen Sommer gehabt hat, so wird dieses Jahr in Weizen und Korn viel Stroh und wenig Körner, desgleichen viel Röding, Trebs und Vogelwicke. Ist aber der vorige Sommer feucht gewesen, so gibt es wenig Stroh und viele und gute Körner. Aber Korn und Weizen haben ein gefährdetes Blütenwetter; ist zu wünschen, dass es wohl abgehe, und auch zu beten.

Herbstsaat

Die erste und letzte ist die beste, die mittlere fressen die Schnecken weg. Die erste Saat kann im Winter oder Frühling mit den Schafen abgehütet werden, die letzte aber nicht. Es soll untergesät werden wegen der großen und langwierigen Kälte im folgenden Winter.

Obst

Das Obst gerät dieses Jahr unterschiedlich; an etlichen Orten wächst viel, in etlichen mittelmäßig, in etlichen gar nichts. Kirschen, Weichseln und Zwetschgen überall. Es gibt viel Haselnüsse, aber nicht so viel welsche. Viele Eicheln und auch ziemlich viel Bucheckern.

Hopfen

Der Hopfen wird bei uns nicht viel, doch in etlichen Orten ziemlich, aber nicht sehr kräftig. In Böhmen gerät er entweder gar wohl oder schlägt ganz um.

Was die Pflanzen sagen
Blüh'n die Disteln
reich und voll,
ein schöner Herbst
dir blühen soll.

Weinbau

Der Wein gerät im Merkurjahr sehr selten, etwa in 50 oder 60 Jahren einmal, wie im Jahr 1599 und 1655, sonst ist er immer umgeschlagen. Obgleich er sich im Frühling wohl anlässt, so wird doch selten etwas Gutes daraus. Es wächst daher wenig und saurer Wein, wie anno 1641 und 1662 und sonst immer geschehen. Wenn man sich nun noch nicht mit genügend Wein versehen, so tue man es, ehe der Wein verblüht, ehe man sieht, was daraus werden will. Folgen nach diesem Jahr noch zwei Missjahre unter Mond und Saturn, ist oft auch eines das dritte unter Jupiter. Wenn im Merkurjahr eine sichtbare Sonnenfinsternis ist, von Februar bis Anfang Mai, so ist ein guter Herbst zu hoffen. Weil es im Dezember gleich im Anfang zuwintert, kann man sich mit dem Decken leicht danach richten.

Was der Mond verkündet
Bei rotem Mond
und hellem Sterne,
sind Gewitter gar nicht ferne.

Ungeziefer

Im Herbst kommen viele Mäuse. Wo die Würmer nicht zuvor schon gewesen sind, wachsen dieses Jahr keine im Getreide. Im Frühling gibt es viele Frösche, im Sommer wenig, hinzu kommen Heuschrecken, Schlangen und Schmetterlinge, und im Herbst viel Schnecken, die nicht nur den Samen abfressen, sondern auch Rüben und Kraut angehen.

Fische

Im Sommer gibt es in den Flüssen wenig Fische, im Herbst mehren sie sich. Es gibt auch viel Lachsforellen, doch im Weiher wachsen sie nicht so recht.

Krankheiten

Die Krankheiten lassen sich in diesem Jahr nur langsam kurieren und zeigen sich meistens im Frühjahr und ausgehenden Herbst. Weil der Merkur ein Regent des Gehirns ist, der leiblichen Geister, des Gedächtnisses, der Vorstellungskraft, der Zunge, der Hände, der Finger, der Galle, der Gebeine, der Schienbeine und der Nerven des Hirns, so folgen daraus diese Krankheiten: Trübung und Beraubung der Sinne, hinfallende Krankheit, Husten, viel Speichel, Gallenprobleme, Aufstoßen des Magens, Würgen und Brechen, Flüsse, die aus Überfluss an Feuchtigkeit im Kopf

Ein Unwetter zieht herauf
Wenn Gott blitzt und donnert, lässt er es auch regnen.

entstehen, und allerlei melancholische Krankheiten, wie sie alle heißen mögen, desgleichen vor allem das Zipperlein. Im Herbst bricht jedesmal eine Seuche unter dem Vieh aus, besonders beim Rindvieh. In manchen Städten und Dörfern sterben viele Rinder hinweg, in andern sterben sie nicht, werden matt und vor Hitze häutet sich ihnen die Zunge. Im Winter sterben die Schafe sehr dahin.

Die Partikularwitterung des Merkur

März Vom 21. an mit warmem Regen, den 25. hellt es sich auf, wird sehr schön und warm. Am letzten Tag des Monats ist es kühl.

April Ist kalt, trocken und unangenehm bis zum 24. Am 16. und 17. sind durch grimmige Kälte der Rosmarin und die Kölnischen Nägelein, die Nelken, im Garten erfroren. Vom 24. bis Ende des Monats herrscht warmes Wetter, am 27. donnert es zum ersten Mal.

Mai Das schöne warme Wetter dauert bis zum 5., von da an ist es drei Tage lang windig und rau. Vom 8. bis 18 wird es schön warm, trocken mit großer Hitze. Das Wachstum wird sehr behindert, denn die Dürre dauert bis zum 24. Am 20. ist es kalt und es gefriert. Der 24. ist ein schöner warmer Tag. Von da an bleibt es schön und trocken bis zum Ende des Monats.

Juni Er fängt schön an, vom 3. bis zum 9. regnet es. Es sind Frühnebel zu erwarten, und es gibt schöne Tage bis zum 13. Danach regnet es bis zum 22. und 23., zuletzt kommt es zu Gewitter und Regen. Vom 24. bis zum Ende des Monats wird es eine schöne Zeit mit herrlicher Wein- und Weizenblüte.

Juli Er fängt an mit großer Hitze, am 4. und 5. viel Donner und Regen. Am 6. und 7. Heuwetter, vom 8. bis zum 12. Regenwetter, dann ein schöner Tag, danach wieder Regenwetter. Ab 21. ist es am Tag schön bis zum 27., in der Nacht aber kühl mit Reif. Am 27. und 28. gibt es Donner und Regen; es bleibt warm bis zum Ende des Monats.

Kälte sagt sich an
Wie die Junihitze
sich stellt,
stellt sich auch
die Dezemberkält'.

August Er fängt an mit großer Hitze, am 4. gibt es Regenwetter. Es dauert mit großen ungewöhnlichen Sturmwinden bis zum 12., dem ein schöner Tag folgt. Danach wird das Wetter unstet und wechselhaft bis zum 20. und 21. Wieder gibt es einen schönen Tag, darauf wieder Regen bis zum 26. Es bleibt recht schön und warm bis zum Monatsende.

September Anfangs dauert das schöne Wetter fort. Am 3. und 4. regnet es heftig, danach ist das Wetter schön bis zum 20., nur unterbrochen durch Ungewitter. Unterschiedliches Wetter herrscht bis zum 29., danach regnet es bis zum Monatswechsel.

Oktober Er fängt mit Regen an bis zum 7. und 8. Nach zwei schönen Tagen ist es vom 9. bis zum 14. trüb und warm und regnerisch. Am 14., 15. und 16. wird es wieder schön, danach gibt es großen Regen bis zum 23. Bis zum 29. ist es wieder schön, von diesem Tag an bis zum Ende des Monats steigt Nebel auf, und es trübt sich ein.

November Er fängt schön an, bis auf den 4. und 5., da kommt großer Wind auf. Nach zwei Tagen Regen ist es wieder schön. Am 16. fällt Frost ein. Es wird wieder trübe, bald wieder frieren bis zum 27. und Regenwetter geben bis zum Monatsende.

> **Was die Tiere sagen**
> Scharren die Mäuse tief sich ein, wird ein kalter Winter sein.

Dezember Am ersten Tag wird es viel Schnee geben und es wintert auf einmal zu. Danach folgen drei Tage mit großem ungestümen Wind. Es gibt wieder viel Schnee, bis es sich am 6. aufhellt und sehr grausam kalt wird. Das kalte Wetter dauert an bis zum 20. Es folgt nun weiches Wetter mit Regen, der den ersten Schnee hinwegwäscht. In Bayern und Böhmen bleibt er liegen, am 29. schneit es wieder zu, worauf grimmige Kälte folgt.

Januar Fast den ganzen Monat über ist es grimmig kalt, es regnet und schneit nicht einmal, man spürt keinen einzigen Wind bis zum 30. Dann wird es windig, nieselig und etwas milder.

Februar Er ist zuerst trüb und mild, vom 4. bis 6. trüb und kalt. Der 7. ist ein schöner lieblicher Tag, dem sogleich Regen und großer Wind folgt. Am 13. schneit es wieder zu, und es folgt große Kälte bis zum 3. März.

März Kälte bis zum 3. März. Am 4. regnet es stark, am 5. schneit es abends wieder zu, darauf folgt große Kälte bis zum 20.

Zeit- und Festrechnung für das Merkurjahr 2005

Das Merkurjahr 2005 ist nach gregorianischer Zeitrechnung ein Gemeinjahr von 365 Tagen.

161

Januar – Wintermond 2005

				Lauf des Mondes
1.	Samstag	**Neujahr**	Lostag	
2.	Sonntag		Schwendtag	
3.	Montag		Schwendtag	
4.	Dienstag		Schwendtag	
5.	Mittwoch			
6.	Donnerstag	**Heilige Drei Könige**	Lostag	
7.	Freitag			
8.	Samstag			
9.	Sonntag			
10.	Montag	**Neumond**	Lostag	
11.	Dienstag			
12.	Mittwoch			
13.	Donnerstag			
14.	Freitag			
15.	Samstag		Lostag	
16.	Sonntag			
17.	Montag		Lostag	
18.	Dienstag		Schwendtag	
19.	Mittwoch			
20.	Donnerstag		Lostag	
21.	Freitag		Lostag	
22.	Samstag		Lostag	
23.	Sonntag			
24.	Montag		Lostag	
25.	Dienstag	**Vollmond**	Lostag	
26.	Mittwoch			
27.	Donnerstag			
28.	Freitag			
29.	Samstag			
30.	Sonntag			
31.	Montag		Lostag	

Februar – Hornung 2005

			Lauf des Mondes
1. Dienstag		Schwendtag	⚖
2. Mittwoch	**Mariä Lichtmess**	Lostag	🦂
3. Donnerstag		Schwendtag	🦂
4. Freitag			🏹
5. Samstag		Lostag	🏹
6. Sonntag		Schwendtag	🐐
7. Montag			🐐
8. Dienstag	**Neumond**	Schwendtag	♒
9. Mittwoch			♒
10. Donnerstag			🐟
11. Freitag			🐟
12. Samstag			♈
13. Sonntag			♈
14. Montag	**Valentinstag**	Lostag	🐂
15. Dienstag			🐂
16. Mittwoch		Schwendtag	🐂
17. Donnerstag			👬
18. Freitag			👬
19. Samstag			🦀
20. Sonntag			🦀
21. Montag			🦀
22. Dienstag		Lostag	🦁
23. Mittwoch			🦁
24. Donnerstag	**Vollmond**	Lostag	♍
25. Freitag			♍
26. Samstag			♍
27. Sonntag			⚖
28. Montag			⚖

März – Saatmond 2005

1. Dienstag		Lostag	
2. Mittwoch			
3. Donnerstag		Lostag	
4. Freitag			
5. Samstag			
6. Sonntag			
7. Montag			
8. Dienstag			
9. Mittwoch		Lostag	
10. Donnerstag	**Neumond**	Lostag	
11. Freitag			
12. Samstag		Lostag	
13. Sonntag		Schwendtag	
14. Montag		Schwendtag	
15. Dienstag		Schwendtag	
16. Mittwoch			
17. Donnerstag		Lostag	
18. Freitag			
19. Samstag		Lostag	
20. Sonntag	**Frühlingsanfang**		
21. Montag		Lostag	
22. Dienstag			
23. Mittwoch			
24. Donnerstag	**Gründonnerstag**	Schwendtag	
25. Freitag	**Karfreitag/Vollmond**	Lostag	
26. Samstag		Lostag	
27. Sonntag	**Ostersonntag**	Lostag	
28. Montag	**Ostermontag**	Lostag	
29. Dienstag		Schwendtag	
30. Mittwoch			
31. Donnerstag			

April – Ostermond 2005

			Lauf des Mondes
1.	Freitag		
2.	Samstag	Lostag	
3.	Sonntag		
4.	Montag	Lostag	
5.	Dienstag		
6.	Mittwoch		
7.	Donnerstag		
8.	Freitag	**Neumond/Sonnenfinsternis**	
9.	Samstag		
10.	Sonntag		
11.	Montag		
12.	Dienstag		
13.	Mittwoch		
14.	Donnerstag	Lostag	
15.	Freitag		
16.	Samstag		
17.	Sonntag		
18.	Montag		
19.	Dienstag	Schwendtag	
20.	Mittwoch		
21.	Donnerstag		
22.	Freitag		
23.	Samstag	Lostag	
24.	Sonntag	**Vollmond/Mondfinsternis**	Lostag	
25.	Montag	Lostag	
26.	Dienstag		
27.	Mittwoch		
28.	Donnerstag	Lostag	
29.	Freitag		
30.	Samstag		

Mai – Wonnemond 2005

			Lauf des Mondes
1. Sonntag			
2. Montag			
3. Dienstag		Schwendtag	
4. Mittwoch		Lostag	
5. Donnerstag	Ûhristi Himmelfahrt		
6. Freitag			
7. Samstag		Schwendtag	
8. Sonntag	**Neumond**	Schwendtag	
9. Montag			
10. Dienstag		Schwendtag	
11. Mittwoch		Lostag	
12. Donnerstag		Lostag	
13. Freitag		Lostag	
14. Samstag		Lostag	
15. Sonntag	**Pfingstsonntag**	Lostag	
16. Montag	**Pfingstmontag**	Schwendtag	
17. Dienstag		Schwendtag	
18. Mittwoch			
19. Donnerstag			
20. Freitag			
21. Samstag			
22. Sonntag			
23. Montag	**Vollmond**		
24. Dienstag			
25. Mittwoch		Lostag	
26. Donnerstag	**Fronleichnam**		
27. Freitag			
28. Samstag			
29. Sonntag			
30. Montag			
31. Dienstag		Schwendtag	

Juni – Rosenmond 2005

			Lauf des Mondes
1.	Mittwoch	Schwendtag	🐟
2.	Donnerstag		
3.	Freitag		
4.	Samstag		
5.	Sonntag		
6.	Montag	**Neumond**	
7.	Dienstag		
8.	Mittwoch	Lostag	
9.	Donnerstag		
10.	Freitag		
11.	Samstag	Lostag	
12.	Sonntag		
13.	Montag		
14.	Dienstag		
15.	Mittwoch	Lostag	
16.	Donnerstag		
17.	Freitag	Schwendtag	
18.	Samstag		
19.	Sonntag	Lostag	
20.	Montag		
21.	Dienstag	**Sommeranfang**	
22.	Mittwoch	**Vollmond**	
23.	Donnerstag		
24.	Freitag	Lostag	
25.	Samstag		
26.	Sonntag		
27.	Montag	Lostag	
28.	Dienstag		
29.	Mittwoch	Lostag	
30.	Donnerstag	Schwendtag	

Juli – Erntemond 2005

			Lauf des Mondes
1. Freitag		Lostag	🐂
2. Samstag			🐂
3. Sonntag			👫
4. Montag		Lostag	👫
5. Dienstag		Schwendtag	👫
6. Mittwoch	**Neumond**	Schwendtag	🦞
7. Donnerstag			🦞
8. Freitag		Lostag	🦁
9. Samstag			🦁
10. Sonntag		Lostag	🦁
11. Montag			♍
12. Dienstag			♍
13. Mittwoch			⚖
14. Donnerstag			⚖
15. Freitag		Lostag	⚖
16. Samstag			🦂
17. Sonntag		Lostag	🦂
18. Montag			🏹
19. Dienstag		Schwendtag	🏹
20. Mittwoch		Lostag	♑
21. Donnerstag	**Vollmond**		♑
22. Freitag		Schwendtag	♒
23. Samstag			♒
24. Sonntag			🐟
25. Montag		Lostag	🐟
26. Dienstag		Lostag	♈
27. Mittwoch			♈
28. Donnerstag		Schwendtag	🐂
29. Freitag			🐂
30. Samstag			🐂
31. Sonntag			👫

August – Sommermond 2005

				Lauf des Mondes
1.	Montag		Schwendtag	
2.	Dienstag			
3.	Mittwoch			
4.	Donnerstag		Lostag	
5.	Freitag	**Neumond**	Lostag	
6.	Samstag			
7.	Sonntag			
8.	Montag			
9.	Dienstag			
10.	Mittwoch		Lostag	
11.	Donnerstag			
12.	Freitag			
13.	Samstag			
14.	Sonntag			
15.	Montag	**Mariä Himmelfahrt**	Lostag	
16.	Dienstag		Lostag	
17.	Mittwoch		Schwendtag	
18.	Donnerstag			
19.	Freitag	**Vollmond**	Lostag	
20.	Samstag			
21.	Sonntag		Schwendtag	
22.	Montag		Schwendtag	
23.	Dienstag			
24.	Mittwoch			
25.	Donnerstag			
26.	Freitag			
27.	Samstag			
28.	Sonntag		Lostag	
29.	Montag		Schwendtag	
30.	Dienstag			
31.	Mittwoch			

September – Herbstmond 2005

			Lauf des Mondes
1. Donnerstag		Lostag	
2. Freitag		Schwendtag	
3. Samstag	**Neumond**		
4. Sonntag			
5. Montag			
6. Dienstag			
7. Mittwoch			
8. Donnerstag			
9. Freitag		Lostag	
10. Samstag			
11. Sonntag		Lostag	
12. Montag		Schwendtag	
13. Dienstag			
14. Mittwoch		Lostag	
15. Donnerstag		Großer Schwendtag	
16. Freitag		Lostag	
17. Samstag		Lostag	
18. Sonntag	**Vollmond**	Schwendtag	
19. Montag			
20. Dienstag			
21. Mittwoch		Schwendtag	
22. Donnerstag	**Herbstanfang**	Schwendtag	
23. Freitag		Schwendtag	
24. Samstag		Schwendtag	
25. Sonntag		Schwendtag	
26. Montag		Schwendtag	
27. Dienstag		Schwendtag	
28. Mittwoch		Schwendtag	
29. Donnerstag		Lostag	
30. Freitag			

Oktober – Weinmond 2005

			Lauf des Mondes
1. Samstag			
2. Sonntag		Lostag	
3. Montag	Neumond/Sonnenfinsternis	Schwendtag	
4. Dienstag			
5. Mittwoch			
6. Donnerstag		Schwendtag	
7. Freitag			
8. Samstag		Lostag	
9. Sonntag		Lostag	
10. Montag			
11. Dienstag		Schwendtag	
12. Mittwoch			
13. Donnerstag			
14. Freitag			
15. Samstag		Lostag	
16. Sonntag		Lostag	
17. Montag	Vollmond/Mondfinsternis		
18. Dienstag			
19. Mittwoch			
20. Donnerstag			
21. Freitag		Lostag	
22. Samstag			
23. Sonntag		Lostag	
24. Montag			
25. Dienstag			
26. Mittwoch			
27. Donnerstag			
28. Freitag		Lostag	
29. Samstag			
30. Sonntag			
31. Montag		Lostag	

November – Jagdmond 2005

				Lauf des Mondes
1. Dienstag		Allerheiligen	Lostag	♎
2. Mittwoch		Neumond	Lostag	♏
3. Donnerstag				♏
4. Freitag				♐
5. Samstag				♐
6. Sonntag				♑
7. Montag				♑
8. Dienstag				♒
9. Mittwoch				♒
10. Donnerstag				♒
11. Freitag			Lostag	♓
12. Samstag			Schwendtag	♓
13. Sonntag				♈
14. Montag				♈
15. Dienstag			Lostag	♉
16. Mittwoch		Vollmond		♉
17. Donnerstag				♊
18. Freitag				♊
19. Samstag			Lostag	♋
20. Sonntag				♋
21. Montag			Lostag	♋
22. Dienstag				♌
23. Mittwoch			Lostag	♌
24. Donnerstag				♍
25. Freitag			Lostag	♍
26. Samstag				♍
27. Sonntag		1. Advent		♎
28. Montag				♎
29. Dienstag				♏
30. Mittwoch			Lostag	♏

Dezember – Christmond 2005

Tag			Lostag
1.	Donnerstag	**Neumond**	Lostag
2.	Freitag		Lostag
3.	Samstag		
4.	Sonntag	**2. Advent**	Lostag
5.	Montag		
6.	Dienstag	**Nikolaus**	Lostag
7.	Mittwoch		
8.	Donnerstag		Lostag
9.	Freitag		
10.	Samstag		
11.	Sonntag	**3. Advent**	
12.	Montag		
13.	Dienstag		Lostag
14.	Mittwoch		
15.	Donnerstag	**Vollmond**	Schwendtag
16.	Freitag		
17.	Samstag		
18.	Sonntag	**4. Advent**	
19.	Montag		
20.	Dienstag		
21.	Mittwoch	**Winteranfang**	Lostag
22.	Donnerstag		
23.	Freitag		
24.	Samstag	**Heiliger Abend**	Lostag
25.	Sonntag	**Weihnachten**	Lostag
26.	Montag	**2. Weihnachtsfeiertag**	
27.	Dienstag		
28.	Mittwoch		Lostag
29.	Donnerstag		
30.	Freitag		
31.	Samstag	**Silvester**	

Der bäuerliche Jahresreigen

In früheren Zeiten spielten Überlieferung und Sitte im bäuerlichen Leben noch eine große Rolle. Die Landbevölkerung, die größtenteils weder lesen noch schreiben konnte, richtete sich nach dem kirchlichen Jahr, nach den besonderen Feiertagen wie beispielsweise Lichtmess oder Siebenschläfer, nach den Geburts- oder Todestagen von Märtyrern, Heiligen oder Seligen. Die wichtigen Tage wurden einfach nach den Heiligen benannt. Somit ergaben sich aus dem Heiligenkalender der Kirche und ihren beweglichen Festen wichtige Fix- und Merktage für die bäuerliche Arbeit in Feld und Flur, im Wald, auf Weide und Wiese, im Weinberg und Garten, bei Ernte, Aussaat, bei Tieren, beim Jagen und Fischen.

In vielen katholischen Gegenden unseres Landes wählte man für den Namen des zu taufenden Kindes einen Heiligen, dessen Tag dem Geburtstag des Kindes nahe lag. In Süddeutschland und Österreich hatte der Namenstag eine höhere Bedeutung als der Geburtstag. Die Namensgebung war immer eine sehr wichtige Angelegenheit. Und in früheren Zeiten war es manchmal üblich, mit der Namensgebung so lange zu warten, bis das Kind getauft war. Der Erstgeborene hieß häufig nach den Großeltern, der erste Sohn nach dem Großvater. Gern gewählt wurde der im Kalender verzeichnete Tagesheilige oder der Heilige, dessen Fest oder Tag dem Geburtstag des Kindes am nächsten lag. Eine Übersicht der Namenstage finden Sie im Anhang.

Was die Tiere sagen

Wenn Johanniswürmchen
schön leuchten und glänzen,
kommt Wetter zur Lust und
im Freien zu Tänzen,
verbirgt sich das Tierchen bis
Johanni und weiter,
wird's Wetter einstweilen nicht
warm und nicht heiter.

Die wichtigen Kalendertage

Im Kirchenkalender gibt es bewegliche und unbewegliche Festtage. Die beweglichen Tage beginnen an Ostern. Das Osterfest findet immer am ersten Sonntag nach dem ersten Vollmond im Frühjahr statt, also frühestens am 22. März und spätestens am 25. April.

Die bewegliche Festtage im Jahreskreis

Feste	Zeit in Tagen
Aschermittwoch	immer ein Mittwoch vor dem 6. Sonntag vor Ostern
Ostern	der 1. Sonntag nach dem ersten Vollmond zum Frühlingsanfang
Christi Himmelfahrt	40 Tage nach Ostern, immer an einem Donnerstag
Pfingsten	50 Tage nach Ostern
Dreifaltigkeitsfest	1. Sonntag nach Pfingsten
Fronleichnam	2. Donnerstag nach Pfingsten (10 Tage nach Pfingsten)
1. Advent	der 4. Sonntag vor dem 25. Dezember
Weihnachten	25. Dezember

Die beweglichen Feste von 1999 bis 2005

	1999	2000	2001	2002	2003	2004	2005
Aschermittwoch	17.2.	8.3.	28.2.	13.2.	5.3.	25.2.	9.2.
Ostern	4.4.	23.4.	15.4.	31.3.	20.4.	11.4.	27.3.
Himmelfahrt	13.5.	1.6.	24.5.	9.5.	29.5.	20.5.	5.5.
Pfingsten	23.5.	11.6.	3.6.	19.5.	8.6.	30.5.	15.5.
Fronleichnam	3.6.	22.6.	14.6.	30.5.	19.6.	10.6.	26.5.
1. Advent	28.11.	3.12.	2.12.	1.12.	30.11.	28.11.	27.11.
Weihnachten am	Sa	Mo	Di	Mi	Do	Sa	So

Im bäuerlichen Jahresablauf war es überlebenswichtig, die besten Saat- und Erntezeiten zu kennen. Durch genaues Beobachten der einzelnen Jahreszeiten erkannte man, dass sich zu bestimmten Tagen oder Zeiträumen Veränderungen im Witterungscharakter ergaben. Im Laufe der Zeit sammelten sich unendlich viele Bauern-, Wetter- und Verhaltensregeln an. Diese Tage, an den Tagen der Namenspatronen festgehalten, nannte man Los- oder Merktage.

Die Lostage

Ursprünglich gab es nur zwölf Lostage, nämlich die zwölf Nächte von Weihnachten bis Dreikönig. Aus Erfahrung und eingehender Beobachtung schälten sich dann nach und nach die für den Landmann »guten« und »schlechten« Tage heraus. Da die Bauern das Zusammenwirken der Jahreszeiten und selbst die kleinsten Vorgänge am Himmel und auf der Erde sehr sorgfältig beobachteten, war ihnen die Natur Wetterstation und Barometer zugleich. In einfachen Merkversen lässt sich der gesamte Jahreslauf – aufgehangen an den Lostagen – in dieser alten, überlieferten Spruchweisheit erkennen:

Der Lauf des Jahres
Säe Korn Ägidi (1. September)
Hafer, Gerste Benedikti (21. März)
Säe Flachs und Hanf Urbani (25. Mai)
Wicken, Rüben Kiliani (8. Juli)
Viti Kraut, Erbsen Gregori (15. Juni, 12. März)
Linsen Philippi Jakobi (1. Mai)
Grab Rüben Ketten Petri (1. August)
Schneid Kraut Simonis Juda (28. Oktober)
Bleib Stuben Kalixti (14. Oktober)
Iss Gans Martini (11. November)
Heiz warm Geburt Christi (25. Dezember)
Iss Lammbraten Oculi (dritter Fastensonntag)
Trink Wein per circulum anni (das ganze Jahr hindurch)

Die Lostage nahmen bei der Landbevölkerung eine ganz besondere Rolle ein und galten als wichtige Orientierungshilfe für Saat, Anbau und Ernte. Anhand der Lostage ließ sich die zu erwartende Witterung erkennen, ob es warm oder kalt, feucht oder trocken, windig oder still sein würde. Aus dem christlichen Jahreskalender sind weit über 100 Lostage bekannt. Daneben gab es auch noch die Schwend- oder Unglückstage, die ebenfalls sehr große Beachtung fanden.

Die Schwendtage

Die Schwendtage (von »schwinden machen«) sind im Gegensatz zu den Lostagen wahre Unglückstage, an denen man nichts Neues beginnen durfte. Es waren obendrein äußerst ungünstige Zeitpunkte für neue Arbeiten, für Reisen jedweder Art, für den Beginn von Geschäften, für Hochzeiten oder Verlobungen, für den Abschluss von Verträgen und beispielsweise für den zur damaligen Zeit gebräuchlichen Aderlass. Wer sich von einem

Kälte sagt sich an
Wenn's im Gilbhart friert
und schneit,
bringt der Hartung milde Zeit,
wenn's aber donnert und wetterleuchtet,
der Winter dem April an Launen gleicht.

Menschen trennen wollte, unternahm dies an einem Schwendtag, ebenso wie das Roden von Land oder das Pflügen des Ackers, damit das Unkraut nicht mehr nachwuchs. Begünstigt waren außerdem das Putzen, Reinigen und Saubermachen.

Wettersprüche und Bauernregeln

In keinem bäuerlichen Haushalt gab es ein Barometer. Jeder Landmann und ständig in der freien Natur Arbeitende wusste aus eingehender Beobachtung der Jahreszeiten, ergänzt durch Wissen und Erfahrungen, sehr viel über das Wetter und seine bisweilen überraschenden Veränderungen. Nach den Erfahrungen bäuerlicher Wetterbeobachter und »Klimakundler«, wie man die Wetterpropheten in einigen Regionen auch nannte, konnte man von manchen Zeichen und raschen Veränderungen am Himmel und in der Natur mit Bestimmtheit auf das kommende Wetter schließen. Mit langfristigen Wettervoraussagen ließen sich auch große Zeiträume abdecken. Das half bei der Planung des Anbaus auf Äckern und Feldern, bei der Anschaffung von Saatgut und der Einteilung von Knechten, Helfern und Dienstboten. Neben den langfristigen Wetterregeln für das gesamte Jahr kennt man mittelfristige für den Monat sowie für die Woche und den Tag.

Das Bauernthermometer

Zum Messen der Temperatur des Mistes bastelte man sich auf dem Lande ein Bauernthermometer. Dafür braucht man ein etwa nussgroßes Stück Butter, das mit einer gleich großen Menge Talg vermengt wird. Die Masse wird geschmolzen in ein hohes Trinkglas oder in eine kleine Flasche gegeben. Wird das Gemenge nach dem Abkühlen im Gefäß in den Mist gestellt und bald flüssig, so ist der Mist zu warm. Bleibt es fest, ist die Wärme zu schwach. Ist die Temperatur richtig, so sieht das Gemenge im Glas wie dicker Sirup aus. Für das Bauernthermometer kann auch Schmalz oder Schmelzbutter verwendet werden.

Bleibt das Wetter gut? Wann kann die Aussaat erfolgen, wann das Heu eingefahren werden? Das sind für den Bauer wichtige Fragen, denn alle Arbeiten auf Acker, Feld, Flur und Wald sind vom Wetter abhängig. Der kundige Landmann berief sich, wenn er mit seiner Weisheit am Ende oder sich seiner Sache nicht ganz sicher war, auf den bewährten hundertjährigen oder immer währenden Kalender.

Tiere als Wetterpropheten

Aus der Beobachtung von Tieren, Insekten und Pflanzen kann auf zukünftige Wetterveränderungen geschlossen werden. Gute Wetterpropheten sind zum Beispiel Bienen, Ameisen und Spinnen, die als besonders wetterfühlig gelten. Sie reagieren schon 150 Stunden im Voraus auf eine Veränderung oder Verschlechterung des Wetters. Wenn Tiere mit ihrem untrüglichen Instinkt eine Wetterfront herannahen fühlen, nehmen sie meist eine Ortsveränderung vor. Aus dem genauen und sorgfältigen Beobachten von Tieren, ihren Gewohnheiten und ihrem Verhalten lässt sich mit fast hun-

Regen kommt

Wenn das Salz feucht wird, kann man Regen erwarten.

dertprozentiger Treffsicherheit auf bevorstehende Veränderungen des Wetters und schließen.

Die Reaktion der Tiere

Besonders sensibel reagieren Spinnen auf sich nahende Unwetter und Wetterveränderungen: Fangen die Spinnen an, ihr Netz größtenteils zu vernichten und an langen Fäden in ihre Schlupfwinkel zu flüchten, weiß im Sommer der aufmerksame Beobachter, dass in Kürze mit einem Sturm zu rechnen ist.

Regen kommt
Rennen die Ameisen auf ihren Wegen aufgeregt umher, regnet's innerhalb 24 Stunden.

Da die Pflege der Bienen besondere Sorgfalt und Hingabe verlangt, weiß jeder Landmann und Imker viel über diese fleißigen Insekten. Am Tage fleißig ausschwärmende Bienen verheißen gutes Wetter. Wenn sie den Bienenstock jedoch nicht verlassen, warnen sie vor Gewitter oder Unwetter.

Pflanzen als Wetterpropheten

Wer sich mit der Natur auskennt, erkennt im Verhalten von Bäumen, Sträuchern und anderen Pflanzen, wann sich das Wetter verändern wird, ob ein Gewitter im Anzug ist, wann man mit dem lang ersehnten Regen rechnen kann oder ob eine Schönwetterperiode bevorsteht. Weil Pflanzen an den Ort, an dem sie wachsen, fest gebunden sind, müssen sie sich mehr als jedes andere Lebewesen an das jeweils herrschende Wetter und Klima ihrer Umgebung anpassen. Das lässt treffende Beobachtungen und Prognosen zu. Bäume sind wahre Wetterpropheten und unfehlbare Ratgeber. Nicht von ungefähr brachten ihnen unsere Ahnen allgemein große Verehrung entgegen, sahen sie sogar als »heilig« an, beteten zu ihnen und gaben ihnen Opfer dar, weil sie durch sie Gottes Gegenwart erblickten und fühlten.

Was die Pflanzen sagen
Späte Rosen im Garten, schöner Herbst und der Winter lässt warten.

Die Reaktion der Pflanzen

Verliert ein Baum frühzeitig sein Laub, kann man mit einem milden oder kurzen Winter rechnen. Einen kalten und strengen Winter gibt es, wenn die Blätter sehr lang am Baum bleiben. Wenn der Holunderbaum, einst als heiliger Baum des Hauses betrachtet, seine Blüten entfaltete, wusste der Bauer, dass vier Wochen nach der Blütenpracht die Halmfrucht reif zur Ernte war. So verkündete der Blütenstand wie ein Lostag auch das kommende Wetter. Hielt sich die Holunderblüte recht lang, stand eine lange Ernte bevor, verblühte der Holunder bereits nach kurzer Zeit würde die Ernte bald vorüber sein

Kälte sagt sich an

Halten Birk' und Weide ihr Wipfellaub lang, ist zeitiger Winter und gut Frühjahr im Gang.

Ein gern angewandtes Wetterorakel waren Eichäpfel, die um den Michaelistag gesammelt und eingehend untersucht wurden. Ein weiterer Prophet war die Linde. Wenn ihre Blüten viel stärker als normalerweise duften, ist das ein verlässliches Anzeichen für zu erwartenden Regen. Ein beliebter Wetteranzeiger, der Tannenzapfen, durfte auf keinem Bauernhof fehlen. Je nachdem wie weit er sich öffnete, ließ sich die kommende Witterung deuten. überliefert sind überdies zahlreiche Distelsprüche, die noch heute ihre Gültigkeit haben.

Der besondere Einfluss des Mondes

Der Mond übt auf das Wetter, die Atmosphäre, das Klima und auf den Menschen einen ganz besonders großen Einfluss aus. Durch die Anziehungskraft des Mondes entstehen Ebbe und Flut und, je nachdem, in welchem Tierkreiszeichen er sich gerade aufhält, bringt er rasche Wetterveränderungen mit sich und kann im Saturn- oder Marsjahr sogar Missernten und Überschwemmungen verursachen. Die Bauern wissen genau: Der Mond, der Mondwechsel, die einzelnen Mondphasen und der Mondlauf durch die einzelnen Tierkreiszeichen müssen sorgfältig beachtet werden. Nicht umsonst wurde der Mond des »Bauern Kalender« genannt. Seine regelmäßigen Phasen, die jährliche Wanderung durch den Tierkreis ließen den Mond zu einer Art Jahreszeiten- oder Monduhr werden.

Einige Wetterregeln besagen: Wie das Wetter am Tage des ersten Viertels, so ist es auch die nächsten sieben Tage. Das Wetter geht vom Tage des letzten Viertels bis Neumond ins entgegengesetzte über. Vom Neumond bis zum ersten Viertel bleibt das Wetter gleich bis zum Vollmond.

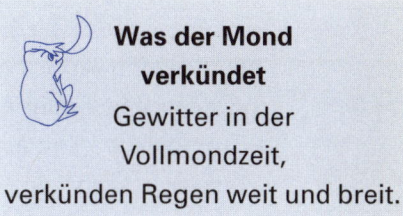

**Was der Mond
verkündet**
Gewitter in der
Vollmondzeit,
verkünden Regen weit und breit.

Allerlei Nützliches für Haus, Hof und Gesundheit

Über die Pflanzen

Kornerde

Eine gute und fruchtbare Kornerde erhält man, wenn man die Körner aus solchen Ähren aussät, deren Stengel rötlich sind. So unbedeutend dieses Mittel auch scheint, so ist es doch sehr wirksam und hilfreich.

Walnüsse

Walnüsse bewahrt man über den Winter im Keller, eingegraben in rotem Sand auf. Dann bleiben sie lange Zeit recht frisch und lassen sich gut schälen.

Bäume

Man kann einen Ast mitten im Winter in 24 Stunden zu Blüte und Frucht bringen. Im Dezember, Januar oder Februar sägt man den längsten und dicksten Ast von einem Baum in der Mittagsstunde im Sonnenschein, wenn der Frost am heftigsten ist,

**Was die
Pflanzen sagen**
Jetzt muss der
Holunder sprossen,
sonst wird des Bauern Mien'
verdrossen.

vorsichtig ab. Den Ast legt man dann zwei Stunden lang in ein fließendes Wasser, damit das Wasser aus der gefrorenen Rinde den Frost herauszieht und die Knospen erweicht. Dann bringt man den Ast in eine erwärmte Stube und steckt ihn in ein Gefäß mit Wasser, in das ungelöschter Kalk gegeben wird. Nach zwölf Stunden schüttet man den Kalk weg und gießt frisches Wasser nach. Damit das Wasser nicht faulig wird, schüttet man einen Löffel Vitriol hinzu. Schon bald wird man sehen, dass die Blüten eher als die Blätter zum Vorschein kommen. Will man den Trieb mäßigen, kann der Kalk weggelassen werden. Dann erscheinen die Blätter ehe als die Blüten. Die Versuche kann man mit Kirsch-, Pfirsich-, Birn- und Mandelbäumen machen.

Um Bäume vor dem Erfrieren zu sichern, ist eine Strohumlage wenig dienlich, denn Strohkörner locken Mäuse an. Eine dicke Mistlage hilft viel besser. Eis schadet den Bäumen nicht, außer wenn es am Stamm taut und herabschmilzt. Erfrorene Bäume werden einige Minuten lang in fließendes Wasser geworfen, dann erholen sie sich wieder. Sollten einige Bäume noch Laub tragen, ist es besser sie zu entlauben, ehe die Fröste einfallen.

Über die Tiere

Bienen

Damit die Bienen nicht wegfliegen, wenn sie schwärmen, kann man Folgendes tun: Man nimmt die Wurzel einer blauen Lilie und legt diese in den Bienenkorb, so bleiben sie. Oder man nimmt Hahnenfußkraut, temperiert es mit Milch und bestreicht mit dem Kraut den Bienenkorb. Das hält den Schwarm zurück. Hilfreich ist auch zerstoßenes Fenchelkraut, das auf die gleiche Weise angewendet wird.

Fische

Will man ohne große Mühe Fische fangen, sollte man den folgenden Rat beherzigen. Man zerstößt ein Viertelpfund holländischen oder schweizer Käse mit Leinöl in einem Mörser und gießt nach und nach Wein dazu, bis die Mischung ganz breiig wird. In diese Mischung gibt man noch ein wenig Rosenwasser. Von diesem Brei macht man erbsengroße Kügelchen und wirft sie dort ins Wasser, wo man fischen will. Will man abends fischen, wirft man die Kügelchen schon früh hinein, will man aber morgens fischen, muss man sie schon den Abend zuvor hineinwerfen.

Ameisen

Wenn Ameisen an die Bäume gehen, so nimmt man Rindsgalle und bestreicht den Stamm damit. Gute Dienste leistet auch Teer oder Wagenschmiere, in einem breiten Ring um den ganzen Stamm aufgetragen. Eine Elle über der Wagenschmiere wird dünne, aufgefaserte Schafwolle gewunden, deren Fäden nach unten hängen und somit die Ameisen abhalten.

Ein wirksames Hilfsmittel, um Ameisen aus Küche und Speisekammer zu vertreiben, ist Petroleum, mit dem man Wände, Fußböden, Schwellen und Fensterbretter einspritzt.

Ameisen, die zum Fenster hereinmarschieren, kann man mit einem stark durchgezogenen Kreidestrich davon abhalten. Sehr zu empfehlen sind große, angefeuchtete und mit Zucker bestreute Schwämme. Die Ameisen kriechen in deren Poren hinein und lassen sich somit zu Tausenden fangen und beseitigen.

Um die Ameisen von Bienenstöcken abzuhalten, wird um die Bienenstöcke herum auf der Erde Asche gestreut. Oder man trägt auf die Gestelle, auf denen die Bienenstöcke stehen, ringsum Teer auf.

Mäuse

Mäuse hält man fern, wenn man Geräte und Gerätschaften mit dem Saft von Bilsenkraut bestreicht. Leckt eine Maus daran, muss sie sterben.

Raupen

Raupen bekämpft man wirkungsvoll mit einem Kohlenbecken voll glühender Kohle, in das ein wenig klarer Schwefel geworfen wird. Das Kohlebecken hält man unter die mit Raupen besetzten Bäume und kann dann beobachten, wie die Raupen schon bald zur Erde fallen.

Schnaken

Ein Pfund Kümmel in einem Liter weißen Wein weichen lassen. Mit dieser Flüssigkeit kann man Fenster, Türen und andere Öffnungen am Anfang dreimal hintereinander bestreichen. Das hält die Schnaken garantiert für einen Sommer lang ab.

Schwabenkäfer

In Räumen, in denen Schwabenkäfer auftauchen, legt man Holunderblüten aus, dann verlieren sich alle.

Erdflöhe

Um Kohlpflanzen vor Erdflöhen zu schützen, mischt man immer etwas Radieschensamen unter den Kohlsamen. Denn die Erdflöhe bevorzugen vor dem Kohl die Radieschenpflanzen.

Rezepte und Hausmittel für Gesundheit und Wohlbefinden

Kopfschmerzen

Lang anhaltende Kopfschmerzen gehen rasch weg, wenn man eine etwa daumenlange Ingerwurzel schält und in einen Liter herben

Weißwein einlegt. Drei- bis sechsmal am Tag ein kleines Glas getrunken, vertreibt den Schmerz und macht gute Laune.

Verstauchungen

Rasche Hilfe bei Verstauchungen, die man sich durch Feld- oder Gartenarbeit leicht zuziehen kann, verschaffen kühlende Umschläge mit Arnika-Lösung. Bei Verrenkungen sind Heißwasserumschläge sehr gut. Bei Fußverrenkungen sollte man sich warme Fußbäder von einer Stunde zubereiten.

Allheilmittel Birke

Die Birke, ein nicht nur wegen seins Holzes geschätzter Baum, kann durch seine Blätter, Knospen und Säfte bei verschiedenen Leiden und Beschwerden Anwendung finden. Linderung bei Rheumatismus verschafft ein Birkenbad: Der Betroffene legt sich auf eine Schicht frisches Birkenlaub und lässt sich von einer zweiten Schicht Birkenblätter förmlich einpacken. Oft tritt schon nach den ersten Anwendungen eine bedeutende Besserung von Lähmungen und Steifheit ein. Ein Aufguss von Birkenblättern kann durch innerliche Wirkung bei rheumatischen und gichtigen Beschwerden recht wirksam ein.

Blutreinigende Erdbeere

Erdbeerblätter, im Frühjahr gesammelt, regen den Appetit an, reinigen das Blut und wirken vorbeugend gegen Rheumatismus und Gicht. Bei Fieber wirken sie kühlend und durstlöschend.

Verschiedene Heilkräutertees

Tausendgüldenkraut, Wacholderbeeren und Wermut sind drei vorzügliche Magenmittel. Sie können jedes für sich oder miteinander gekocht verabreicht werden. Wacholderbeeren kann man auch roh kauen (zehn bis zwölf Beeren). Die Kräutertees reinigen den Magen, lösen Verschleimungen auf, regen die Magendrüsen an und stärken den Magen. Einen Sammelkalender Für Kräuter- und Heilpflanzen Finden Sie im Anhang.

Der bäuerliche Kalender

Im bäuerlichen Jahresverlauf waren die wichtigsten Feiertage sowie Los- und Schwendtage verzeichnet. Der Verlauf des Mondes und die Mondphasen waren ein ebenso wichtiger Bestandteil. Der folgende Jahresverlauf enthält die bedeutenden Tage mit den bekannten Bauernregeln und Sprüchen.

Januar

Januar – Januarius – Jänner – Jenner – Wintermanoth – Wintermonat – Schneemond – Hartung – Eismond – Schneemonat – Hartmond – Dreikönigsmond

Vom Januar wünscht sich der Landmann Kälte und Trockenheit, denn ein kalter Winter berechtigt zur Erwartung eines fruchtbaren Sommers; während ein milder, regnerischer Januar einen langen und rauen Nachwinter befürchten lässt. Der Januar ist durchschnittlich der kälteste und niederschlagsärmste Monat des Winters. Das Anwachsen der Tage zeigt folgender Spruch an:

> Am Neujahr ist der Tag um einen Hahnenschritt,
> am Dreikönigstag (6. Januar) um einen Hirschsprung,
> an Sebastian (20. Januar) um eine ganze Stunde länger,
> allein Lichtmess (2. Februar) merkt man erst etwas davon.

Der Arbeitskalender für Acker, Feld und Garten

In diesem Monat ruht die Natur und sammelt Kräfte für das kommende Erwachen. Der Boden ist meist hart gefroren, es herrscht große Kälte (es ist der kälteste Monat des Jahres) und es liegt viel Schnee, so dass die Arbeit im Freien unmöglich oder sehr beeinträchtigt ist. Der Landmann und der Gartenfreund müssen jetzt nachsehen, was im kommenden Frühjahr an Bäumen, Pflanzen, Sämereien fehlt und noch zu bestellen ist. Bei mildem Wetter gräbt oder pflügt man das Land um, das im vergangenen Herbst unbearbeitet blieb. Die Beerensträucher werden geschnitten, die im Herbst angelegten Felder und Beete werden nachgesehen, die durch den

Frost gehobenen oder locker gewordenen Sträucher festgetreten. Bei milder Witterung muss das in Gruben eingeschlagene Wintergemüse (Kohl, Kraut, Wirsing, Kohlrabi, Möhren) von der Decke befreit, die faulen Blätter entfernt werden. Wer im Keller Wurzelgemüse in Sand eingeschlagen hat, muss nachsehen, alle faulen Bestandteile entfernen und den Sand anfeuchten, falls er zu trocken geworden sein sollte. Mit dem Wasser gehe man sparsam um, damit das Wurzelgemüse nicht zu faulen beginnt.

Neujahr	1. Januar	Ebenweihnacht	Lostag

Neujahr hell und klar,
bringt ein gutes Jahr.

Morgenrot am Neujahrstag
Unwetter bringt und große Plag.

Wenn an Neujahr die Sonne lacht,
gibt's viel Fisch in Fluss und Bach.

Der Neujahrstag ist für das ganze Jahr bedeutungsvoll. Was man an diesem Tag tut, muss man das ganze Jahr tun. überliefert ist der Ausdruck: »Zu Neujahr wächst der Tag um einen Hahnschrei.« Hat man an Neujahr Geld, so hat man das ganze Jahr Geld und umgekehrt.

Makarius	2. Januar		Schwendtag

Wie das Wetter an Makari ist,
so du es im September wiedersiehst.

Sankt Makarius das Wetter prophezeit,
für die ganze Erntezeit.

Makarius (der Glückselige) war Bischof von Jerusalem. In seiner Amtszeit wurde das Kreuz, an dem Christus starb, aufgefunden. Er starb um 334. Der 2. Januar ist ein Schwendtag, an dem jede Unternehmung fehlgeht.

Genoveva   3. Januar   Schwendtag

Januar warm, dass Gott erbarm!

Ist der Januar nass,
bleibt leer das Fass.

Um das Jahr 420 schicken sich die Hunnen unter Attila an, Paris zu stürmen und einzunehmen. Die Nonne Genoveva verlässt ihr Kloster und ruft die Menschen zum Bleiben auf. Die Hunnen werden geschlagen und müssen Frankreich verlassen. Bei einer zweiten Belagerung von Paris hilft sie dabei, Getreide herbeizuschaffen und damit den Parisern zum zweitenmal das Leben zu retten.

Titus (Titus der Grieche) 4. Januar   Schwendtag

Gibt's im Januar viel Regen,
bringt's den Früchten keinen Segen.

Der Januar viel Regen, wenig Schnee
tut Bergen, Tälern und Bäumen weh.

Auf dem Lande herrschte der Glaube, dass die Windin in der Morgenfrühe, die im Frühjahr und Sommer von Süd und West herkommt, viel schärfer sei als Ihr Mann, der vormittags im Herbst und Winter von Nord und Ost kommt.

Heilige Drei Könige   6. Januar   Hochneujahr   Lostag

Dreikönig ohne Eis, – Pankratius (12.5.) weiß.

Ist Dreikönig hell und klar,
gibt's viel Wein in diesem Jahr.

Dieser Tag ist Caspar, Melchior und Balthasar gewidmet, den drei Weisen aus dem Morgenland. Am Dreikönigstag werden die Kerzen am Christbaum zum letzten Mal angezündet; dann wird der Baum geleert. Mit ihm endet die Zeit der Zwölfnächte. Über die Haustüren werden C + M + B und die Jahreszahl geschrieben, damit das Haus und seine Bewohner vor allem Unheil geschützt sind.

Paulus der Einsiedler   10. Januar   Lostag

Am zehnten Jänner Sonnenschein,
bringt viel Korn und Wein.

Ein heller Paulustag zeigt an ein gutes Jahr.

Paulus lebte im Gebirge als Einsiedler
und ist Patron der Korb- und Mattenflechter.

Am ersten Sonntag nach Dreikönig traten einst die Bürgermeister und Stadträte ihre Ämter an. Es galt allgemeines Arbeitsverbot – beispielsweise durften die Ställe nicht ausgemistet werden, da es Unglück brachte.

Habakuk   15. Januar   Lostag

Spielt die Mücke um Habakuk,
der Bauer nach dem Futter guck

Es galt die Sitte, den ältesten Fruchtbaum vom Tod des Bauern und Grundherrn zu unterrichten und mit ihm respektvoll mit dem Hut in der Hand über das schlimme Geschick zu sprechen.

Anton Einsiedel   17. Januar   Lostag

Wenn Antoni die Luft ist klar,
so gibt es ein trockenes Jahr.

Wenn er nicht regnet,
er doch den Schnee nicht spart.

Wer einsam war und sich nach einem lieben Menschen sehnte, der betete zum heiligen Antonius mit folgenden Worten:

»Heiliger Antonius, ich fleh' dich an,
schick mir einen braven Mann!«

Petri Stuhlfeier   18. Januar   Schwendtag

Wenn's an Petri Stuhlfeier kalt,
die Kält' noch 40 Tage halt.

An diesem Tag wird der Errichtung des römischen Bischofsstuhls durch Petrus gedacht.

Fabian und Sebastian   20. Januar   Lostag

Fabian im Nebelhut tut den Früchten gut.

Fabian, Sebastian fängt oft der rechte Winter an.

Nach der Kälte oder Wärme des Sebastianstages richtet sich der übrige Winter. Ist es warm, wird der Winter nicht mehr streng und kalt. Am Fabian-Sebastian-Tag steigt der Saft in die Bäume. Der Sebastianstag war einst ein Bauernfeiertag mit Arbeitsverbot. Der heilige Sebastian ist Schutzherr der Tischler, der Schützen und der Schützenbruderschaften.

Agnes   21. Januar   Lostag

Scheint am Agnestag die Sonne,
wird die Frucht wurmig;
ist es bewölkt, wird gesunde Frucht.

Die heilige Agnes ist Patronin der Jungfrauen und Verlobten, der Keuschheit sowie der Gärtner.

Vinzenz   22. Januar   Lostag

Wie um Vinzenz das Wetter war,
so wird's sein das ganze Jahr.

Schönes Wetter bringt Gewinn,
drum merk' den Tag in deinem Sinn.

Vinzenz Sonnenschein
bringt viel Korn und viel Wein;
bringt er aber Wasserflut,
ist's für beides nicht gut.

Der heilige Vinzenz ist Schutzpatron der Müller. Er starb als Märtyrer unter Kaiser Diokletian. Man ertränkte ihn mit einem Mühlstein im Meer.

Timotheus   24. Januar   Lostag

Thimotheus bricht's Eis;
hat er keins, macht er eins.

Timotheus, der Freund des heiligen Paulus, war einer der ersten Wegbereiter des Christentums in der antiken Welt.

Pauli Bekehrung   25. Januar   Lostag

Pauli Bekehr – der halbe Winter hin, der halbe Winter her.

Ist zu Pauli Bekehr das Wetter schön,
wird man ein gutes Frühjahr sehn –
ist's aber schlecht, dann kommt's als fauler Knecht.

Am Pauli-Tag ist die Hälfte des Winters vorbei. »Pauli Bekehrung, halb hinum, halb herum«, sagte man einst in Bezug auf die Länge des Tages und auf die Getreide- und Heuvorräte, die bis zu diesem Tag verbraucht sein sollten.

Eusebius   31. Januar   Lostag

Friert es auf Virgilius,
im Märzen Kälte kommen muss.

Dem heiligen Eusebius wurde im Jahre 884 n. Chr. von einem Räuber mit einer Sense der Kopf abgeschnitten, mit dem der Heilige noch eine Stunde Wegs ging, um in der Kirche zu Viktorsberg eine Messe zu lesen.

Februar

Februar – Februaris – Hornung – Narrenmond – Thaumonat – Regenmonat

Der Februar, auch Eismond genannt, ist der zweitkälteste Monat des Jahres und alle drei bis vier Jahre kälter als der Januar. Er ist der Hauptschneemonat, es gibt aber dennoch vereinzelt warme Tage. Da ein warmer Februar ungesund für Menschen wie für Schafe ist, heißt es mancherorts: »Wenn im Februar spielen die Mücken, so gibt's im Schafstall große Lücken.« oder »Februar spricht zum Januar: Hätt' ich die Macht wie du, ich ließ das Kalb erfrieren in der Kuh.« Im Monat Februar ist es Mariä Lichtmess, der 2. Februar, der Tag, dem ein sehr großer Einfluss auf das Wetter zugeschrieben wird. In manchen Februarmonaten gibt es um den 15. herum einen spürbaren Kälterückfall, der für Menschen und Tiere gleichermaßen grausam sein kann.

Der Arbeitskalender für Acker, Feld und Garten

Es kommt vor, dass der Februar uns ein freundliches Gesicht zeigt, doch dann kann ein rauer März oder April alles zerstören und zunichte machen, was im Februar noch hoffnungsvoll erschien. Daher sollte man keinen schönen Arbeitstag auf dem Feld oder im Garten versäumen und jede Stunde nutzen; sei es zum Graben, Reinigen oder Vorbereiten der Aussaatbeete, da man nie wissen kann, welches Wetter der März im Gefolge hat. Je nach Witterung kann die erste Freilandaussaat vorgenommen werden: Spinat, Karotten, Zwiebeln, Schnitt- und Kopfsalat, Petersilie. Je nach Wetterlage können außerdem Früherbsen und Puffbohnen gelegt und Mistbeete zur Anzucht frühen Treibgemüses angelegt werden. Wer möchte, kann jetzt seine Spargelanlagen für das kommende Frühjahr vorbereiten.

Brigitte   1. Februar   Schwendtag

Kurz ist der Februar,
aber bitter.

Die heilige Brigitte (die Glänzende), Tochter eines irischen Schmiedes, die im Jahr 521 in Kildare als Äbtissin starb, wurde angerufen, wenn das Vieh krank war, bei Verfolgung und für Hilfe um Wöchnerinnen und Neugeborene.

Mariä Lichtmess   2. Februar   Lostag
Mariä Reinigung, Maria Kerzenweih

Wenn's um Lichtmess stürmt und schneit,
ist der Frühling nimmer weit,
ist's aber hell und rein,
wird's ein langer Winter sein.

Wann's zu Mariä Lichtmess wittert,
geht der Bär aus dem Loch.

Lichtmess dunkel, wird der Bauer ein Junker,
Lichtmess Sonnenschein, bringt viel Schnee herein.

Mit dem Lichtmesstag begann das eigentliche Jahr des Bauern. Mit Winterschlaf und Stubenhocken war es nun aus, denn jetzt begann die harte Arbeit in Garten, Feld und Weinberg. Um Mariä Lichtmess (40 Tage nach Weihnachten) herum sollte jeder gute Bauer noch die Hälfte der Winterfütterung besitzen.

In der Kirche werden an diesem Tag die so genannten Donnerkerzen geweiht, die das ganze Jahr über vor Blitzschlägen und Feuersbrünsten schützen sollen. An vielen Orten wird dieser Tag mit festlichen Lichterprozessionen begangen.

Der Mariä-Lichtmess-Tag war auch der Wandertag der Dienstboten und Handwerkgesellen, die auf Wunsch entlassen und wieder neu eingestellt wurden. Sie erhielten den Wenzellaib, fränkisch wenzeln heißt wandern, einen fast achtpfündigen Brotlaib.

193

Blasius   3. Februar   Schwendtag

St. Blasius stößt
dem Winter die Hörner ab.

Sankt Blasius ist der Patron der Halsleidenden, Seifensieder, Windmüller und Blasmusikanten. In den Kirchen wurde mit zwei vor dem Hals gekreuzten brennenden Kerzen der Blasisegen erteilt.

Agathe   5. Februar   Lostag

Die heilige Agathe ist reich an Schnee.

Am Agathentag rieselt das Wasser den Berg hinab.

Agathe gilt auch als Schutzheilige gegen Brandgefahr. Die Segnung von Brot und Wein gehört ebenso zur traditionellen Begehung des Festes wie das Entzünden geweihter Kerzen.

Dorothea   6. Februar   Schwendtag

Die heilige Dorothee watet gern im tiefen Schnee.

Nach Dorotheentag kein Schnee mehr fallen mag.

Einst wurden am Dorotheentag die armen Schulkinder beschenkt. Dorothea gilt als Patronin der Gärtner und Blumenhändler.

Johann von Matha   8. Februar   Schwendtag

Wenn's der Hornung gnädig macht,
bringt der Lenz den Frost bei Nacht.

Der im Jahre 1160 in der Provence geborene Heilige, der sein Leben der Seelsorge und Befreiung der Christensklaven in Marokko widmete, starb am 17. Dezember 1213. Nach verbürgten Nachrichten wurden durch sein Wirken im Laufe einiger Jahrhunderte mehrere hunderttausend Sklaven vor dem Verderben bewahrt.

Valentinstag   14. Februar   Lostag

An Sankt Valentein
friert's Rad mitsamt der Mühle ein.

Ist's an Valentin weiß,
blüht um Ostern schon das Reis.

Der Valentinstag ist dem heiligen Bischof Valentin von Terni gewidmet, dem Patron der Bienenzüchter, der Liebenden, Verlobten und Stifter guter Ehen. Am Valentinstag sollte keine Henne gesetzt werden, sonst werden die Küchlein krank oder sterben. Nach diesem Tag sollte auch kein Holz mehr gefällt werden. An vielen Orten werden Grüße geschickt und Blumen verschenkt.

Juliana   16. Februar   Schwendtag

Desto nasser der Februar,
desto nasser wird das ganze Jahr.

Der 16. Februar wird auch, in Erinnerung an frühere opulente Mahlzeiten, die dem Gesinde vom Grundherrn vorgesetzt wurden, »fetter Dienstag« genannt.

Petri Stuhlfeier   22. Februar   Lostag

Petri Stuhlfeier kalt,
wird vierzig Jahre alt

Findet der Storch Sankt Petri offen den Bach,
kommt keine Frostdecke nach.

Ist Sankt Petrus kalt,
hat die Kält noch lang Gewalt.

Sankt Petri ist der alte bäuerliche Frühlingsbeginn. War es an Petri Stuhlfeier kalt, war dies ein schlechtes Zeichen, weil »Sankt Petristuhl dem Frühling winkt«.

Matthias   24. Februar   Lostag

Matthias hab ich lieb,
gibt dem Baum den Trieb.

Taut es vor und auf Matthias,
geht kein Fuchs mehr übers Eis.

Ist's an Matthias kalt,
hat der Winter noch lang' Gewalt.

Matthias bricht's Eis, hat er keins,
so macht er eins.

Wenn der Apostel Matthias, der Patron und Beschützer der Zimmerleute und Metzger, das Eis nicht bricht, so sagt man, er habe seine
Hacke verloren. Das Eis bricht nun nicht eher, bis der heilige Josef –
der Patron der Arbeiter und Handwerker – sie wiedergefunden und
Matthias zurückgegeben hat. Nach altem Volksglauben ist der Mat-
thiastag wie alle Lostage ein besonderer Orakeltag – vor allem für
Liebesorakel.

Fasching

Gibt's in der Fastnacht viel Sterne,
dann legen die Hühner gerne.

Fällt am Rosenmontag Schnee,
rufen die Apfelbäum' Juchhe.

Fastnacht schön – Blümlein bald erstehn.

An den Faschingstagen wurde auf den Feldern und im Weinberg nur
das Allernotwendigste getan, ansonsten ruhte die Arbeit. Am Fa-
schingsdienstag aß man sich im Hinblick auf die Fastenzeit noch einmal so richtig satt. Allerorten ruhte die Arbeit, selbst das Spinnen
war nicht erlaubt. So hieß es: »Wenn am Fastnachtssonntag das
Spinnrad geht, beißen die Mäuse den Faden ab.« In einigen Gegen-

den Deutschlands wurde der Faschingssonntag »feister Sonntag« genannt, der Faschingsmontag »feister Montag« oder »blauer Montag«. Der Aschermittwoch galt als ein guter Aderlasstag. Er war aber zudem ein Schwendtag, weil an diesem Tag Luzifer aus dem Himmel gestürzt wurde. Mit ihm begann die Fastenzeit; die Altäre in der Kirche wurden blau verhängt. Die Asche aus der Kirche wurde daneben als Abwehrmittel gegen schädigende Einflüsse auf die Felder gestreut. Nach den alten Bauernregeln muss der Wein bis Lichtmess geschnitten sein, sonst weint (blutet) er.

März

März – Martius – Merz – Lenzing – Lentzimanoth – Lenzmond – Frühlingsmonat – Windmonat

Der Monat März ist die Brücke vom Winter zum Frühling und gilt als der erste Frühlingsmonat. Die ersten Wärmeperioden treten auf, kalt wird es gewöhnlich um die Mitte des Monats. Der Bauer und Landmann fürchtet den Kälterückfall, weil die Saat Schaden erleidet, wenn sie nicht durch eine dicke Schneedecke geschützt ist. Zuweilen bringt der Rückschlag noch gewaltige Schneemengen, wie sie eigentlich im Winter nicht größer sein können. Warm kann es dann wieder in der zweiten Märzhälfte werden, häufig mit dem Beginn des Frühlings am 21. März. Der März soll kühl und trocken sein, auch windig, aber nicht warm, weil die vorzeitig aus dem Boden gelockten Knospen und Keime wieder zugrunde gehen könnten.

Der Arbeitskalender für Acker, Feld und Garten

Die Tage in diesem Monat werden jetzt merklich länger, die Kraft der Sonne nimmt deutlich zu. Manchmal ist mit Nachtfrost zu rechnen und hin und wieder mit Schnee. Da das Wetter oft schlecht, unbeständig und unstet ist, muss jeder Tag, jede Stunde der Feld- und Gartenarbeit gewidmet werden. Jetzt muss zudem die Sommersaat, Roggen, Hafer und Gerste in den Acker gebracht werden. Die Beete zum Treiben der Gemüse müssen bei guter Temperatur gelüftet werden. Gemüsesorten, die bereits im Januar oder Februar ausgesät worden sind, können zum zweitenmal ausgesät werden (Salat, Erbsen, Radieschen). Es ist für reichliches Gießen zu sorgen. Hat man keine Treibbeete angelegt, werden Suppen- und Küchenkräuter, Möhren, Porree, alle Sorten Salate, Kressen, Rettiche und Zuckererbsen gesät, aber auch Frühkartoffeln können gelegt werden (Mondstand beachten). In diesem Monat werden außerdem die mehrjährigen Gemüsearten verpflanzt wie etwa Artischocken oder Meerrettich. An einem Tag in diesem Monat sollten überdies die Bienenstöcke besucht werden.

Albinus 1. März	Lostag

Regnet's stark zu Albinus,
macht's dem Bauer viel Verdruss.

Schnee, der erst im Märzen weht,
abends kommt und morgens geht.

Wer an diesem Tag die Nelkenwurz sucht und findet, hat Glück das ganze Jahr über. Und wie die drei ersten Märztage sind, sind die drei folgenden Jahreszeiten: wie der erste wird der Frühling, wie der zweite der Sommer, wie der dritte der Winter.

Kunigunde 3. März	Lostag

Wenn's Kunigunden friert,
sie's noch vierzig Nächte spürt.

Kunigung macht warm von unt'.

Ist Kunigunde tränenschwer,
dann bleibt gar oft die Scheune leer.

Die heilige Kunigunde ist Patronin der schwangeren Frauen und der Kinder, hilft bei Leberleiden und Melancholie. Johanniskraut, gesegnet mit ihrem Namen, vertreibt Kummer und Sorgen.

Thomas von Aquin   7. März

Märzenregen
geht dürrem Sommer entgegen.

Ein an diesem Tag geborenes Kind wird sehr gescheit, lebt lange, ist jedoch vielen Gefahren und Nöten ausgesetzt. Wer ein solches Kind zum Ehegefährten nimmt, hat Glück sein ganzes Leben lang, wenn er es ehrlich meint und nicht »betrüget«.

Vierzig Ritter   9. März   Lostag

Friert's am Vierzigrittertag,
so kommen noch vierzig Fröste nach.

Die heiligen Vierzig Ritter oder Märtyrer von Sebaste gaben ihr Leben für Jesus Christus hin. Diese 40 Männer stehen für alle unbekannten, tapferen Menschen, die ihren Glauben nicht verleugneten und deshalb den Tod erleiden mussten. Der Legende nach gehörten die Vierzig Ritter zur Zeit des Kaisers Marc Aurel der 12. römischen Legion an. Dabei handelt es sich um eine Elitelegion mit dem Beinamen »die Blitzende«.

Vierzig Märtyrer   10. März   Lostag

Regen, den die vierzig Märtyrer senden,
wird nach vierzig Tagen erst enden.

Gregor   12. März   Lostag

Bleibt der Bär in der Höhle,
bleibt es kalt,
sitzt er vor ihr,
wird es schön.

Gregor war einer der bedeutendsten Kirchenlehrer und Päpste.
Er ist einer der Heiligen des Frühlings, und kündet ihn auch an.

An diesem Tag erhielten in früheren Zeiten die Schulkinder ein kleines Mahl und wurden danach mit der Virga (Rute) geschlagen, um die Lebenskräfte nach dem Winter wieder neu zu erwecken.

Euphrasia 13. März	Schwendtag

Feuchter fauler März
ist der Bauern Schmerz.

Euphrasia (Rosine), die »Heitere, Frohgemute« trat um 388 in Ägypten als Siebenjährige in ein Kloster ein. Als ihre Eltern starben, schrieb sie an Kaiser Theodosius und bat ihn, ihr ererbtes Vermögen unter die Armen zu verteilen. Euphrasia starb im Jahre 410 im Alter von 30 Jahren.

Mathilde 14. März	Schwendtag

Trockner März füllt den Keller.

Mathilde war Gemahlin König Heinrich des Voglers, Mutter des Bayernherzogs Heinrich, bemühte sich um arme, kranke und sterbende Menschen und konnte durch die Hilfe ihres Gatten zahlreiche Klöster und Stiftungen und unterhalten. Mathilde starb am 14. März 968 in derselben Stunde, zu der sie täglich ihre Almosen unter die Armen verteilte.

Anastasia 15. März	Schwendtag

Auf einen freundlichen März folgt
ein freundlicher April.

Anastasia (die Auferstandene) wurde unter der Regierung Kaisers Diokletian zuerst vergeblich verbrannt, dann hingerichtet. Sie ist Patronin für Kopfleiden und wird angerufen, wenn das Gedächtnis versagt. Die Heilige wird meist mit Palme, Schwert, Schere und Salbgefäß dargestellt. Es entstanden auch Abbildungen ihres Martyriums auf dem Scheiterhaufen.

Klemens Maria Hofbauer

Der Redemtoristenmissionar Klemens Maria Hofbauer kämpfte für die Armen, musste sich gegen seine Kirchenoberen durchsetzen, musste sein Kloster auf Befehl Napoleons verlassen, wurde in der Festung Küstrin eingekerkert und war gegen den Plan, einer von Rom unabhängigen deutschen Nationalkirche. Er starb am 15. März 1820 nach langem Todeskampf an Typhus.

Gertrud	17. März	Lostag

> *Friert's an Gertrud,*
> *der Winter noch 40 Tage nicht ruht.*

Die Patronin der Armen, Witwen und Gärtner ist zudem für die Feld- und Gartenfrüchte zuständig. So wird sie bei Ratten- und Mäuseplagen um Hilfe gebeten.

Josef	19. März	Lostag

> *Ist's am Josefstag klar,*
> *folgt ein fruchtbar Jahr.*

> *Ist's am Josefstag schön,*
> *kann's nur gut weitergehn.*

> *Josef klar, ist ein fruchtbar Jahr.*

Der Josefstag oder Josefitag ist der erste Frühlingstag, denn an diesem Tag »kommt die Wärme von unten herauf«. An diesem Tag schlägt Sankt Josef nach dem Volksglauben den glühenden Pfahl in die Erde, das heißt, es beginnt die wärmere Jahreszeit. Der heilige Josef ist der Patron der Holzhauer, Tischler, Wagner, Zimmerleute, der Liebes- und Eheleute, der Familie, Kinder und Helfer bei Wohnungsnöten.

Benedikt 21. März Lostag

*Wie das Wetter um die Tagundnachtgleiche ist
und im Anfang April, so ist's den ganzen Sommer.*

Der Schutzpatron der Schulkinder, Lehrer und Sterbenden wird bei Fieber und Vergiftung um Hilfe gebeten und schützt vor Zauberei und Hexerei.

Mariä Verkündigung 25. März Lostag

*Wenn die Sonne aufgeht hell und klar,
so gibt's ein gutes Jahr.*

*Regnet es zu Mariä Verkündigung,
so regnet es vier Wochen lang.*

*Ist Marien schön und rein,
wird das Jahr sehr fruchtbar sein.*

Wenn es in der Frauennacht gefriert, so friert es noch 40 Nächte. Wenn es aber in der Karfreitagnacht gefriert, gehen 20 zurück. Mit diesem Tag, der einst als Frühlingsanfang galt, begann lange Zeit das bürgerliche Jahr, an ihm wurden Pachtverträge abgeschlossen und die Dienstboten wechselten.

Ludger 26. März Lostag

*Ist's um Ludger feucht,
bleiben die Kornböden leicht.*

Ludger wurde 804 zum ersten Bischof von Münster geweiht. Er ist Patron des Bistums.

Ruprecht, Rupertus 27. März Lostag

*Hält Sankt Ruprecht den Himmel rein,
so wird's auch im Juli sein.*

Dem ersten Bischof von Salzburg (Ruprecht: ruhmglänzend) wird die Auffindung des Salzes in Hallein zugeschrieben. Er ist der Patron der Salzarbeiter und zahlreicher Pflanzen und wird angerufen, wenn Dürre droht.

Eustasius	29. März	Schwendtag

Wenn im März viel Nebel fallen,
im Sommer viel Gewitter schallen.

Der heilige Eustasius ist Patron der Irrsinnigen und Besessenen. Ab diesem Tag begann das »Lerchengucken«. Wer zuerst eine Lerche sah, dem wurde Glück für das ganze Jahr zugesagt. Die Äcker würden reiche Frucht tragen, die Geldkatze würde nicht leer werden und Krankheiten blieben Hof, Bauer, Familie und Gesinde fern.

April – Ostermond

April – Aprilis – Ostermond – Ostermanoth – Oster – Keimmonat – Knospenmonat

Vom April an bis zum Mai, steigen die Temperaturen an, jetzt treten auch die ersten Sommergewitter auf. In diesen Tagen fordert der Bauer viel Feuchtigkeit, gemäß den Wetterregeln: »Nasser April verspricht der Früchte viel.« Der Monat April wird als besonders launenhaft angesehen, da sich die Witterung beständig ändern kann.

Der Arbeitskalender für Acker, Feld und Garten

In diesem Monat müssen die frühen, mittelfrühen und späten Erbsen gelegt, Kraut, Wirsing, verschiedene Kohlarten und Kohlrabi dünn auf gut zubereitete Beete gesät werden. Alle kalten oder warmen Mistbeete müssen nun oft und reichlich gelüftet und gejätet werden. Gegen Ende des Monats behackt und häufelt man Erbsen und Puffbohnen an. Für den Winterbedarf bestellt man Gemüse, Wirsing und Kohlrabi. Sind die Frühkartoffeln noch nicht gelegt, sollte man mit dieser Arbeit in den ersten Apriltagen beginnen.

Rosamunde   2. April   Lostag

Bringt Rosamunde Sturm und Wind,
so ist Sybilla uns gelind.

Im April kommt frischer Regen
stets dem Landmann ganz gelegen.

Der zweite Tag des Monats April galt bei Bauern und Weinhändlern als »Gitteltag«, also als ein Tag, an dem – drei Stunden nach Sonnenaufgang – ein Geschäft, ein Handel, ein Verkauf besprochen werden sollte. An diesem Tag wurde jeder Betrug entdeckt, jede Unehrlichkeit richtete sich gegen den Betrüger selbst.

Ambrosius   4. April   Lostag

Ist Ambrosius schön und rein,
wird Sankt Florian dann wilder sein.

Ambrosius schneit oft den Bauern auf den Fuß.

Ambrosius (griech.: der Unsterbliche, Göttliche) war einer der beliebtesten und bedeutendsten Bischöfe aller Zeiten. Er verkaufte seinen ganzen Besitz und gab den Erlös den Armen. Er starb am Ostersamstag 397. Ambrosius ist Patron der Wachszieher, Bienenzüchter, der Bienen und Haustiere.

Tiburtiustag   14. April   Lostag

Auf Tiburtiustag,
alles grünen mag.

Wenn Tiburtius schellt, grünt das Feld.

Kommt Tiburtius mit Sang und Schall,
bringt er Kuckuck und Nachtigall.

Der Tiburtiustag galt und gilt allgemein als Vorbote des Frühlings.

Leo IX.   19. April   Schwendtag

April tut, was er will.

An diesem Tag sollte man nicht reisen, mit dem Pflugeisen nicht auf den Acker gehen, keine Heilkräuter für Herz und Seele pflücken. Standen dunkle Wolken am Himmel oder kündete sich ein Gewitter an, musste jegliche Arbeit ruhen.

Georg   23. April   Lostag

Gewitter vom Georgiustag,
folgt gewiss noch Kälte nach.

Ist Georgi warm und schön,
wird man noch raues Wetter sehen.

Zu Georgi blinde Reben,
volle Trauben später geben.

Solange es vor Georgi schön ist oder die Frösche schreien, solange regnet es nach Georgi – oder solange schweigen die Frösche. In manchen Regionen feilte man an diesen Tagen die Hörnerspitzen der Rinder ab, damit sie sich auf der Weide nicht verletzten.

Albert   24. April   Lostag

Sankt Alberti –
Sommertrost.

Markustag   25. April   Lostag

Markustag – sich der Bauer hüten mag.

Gibt's an Markus Sonnenschein,
so bekommt man guten Wein.

Ist's vor Markus warm,
friert man nachher bis in'n Darm.

Am Markustag und in den nächsten Wochen im Mai begannen die Bittprozessionen, die von der Kirche aus durch die Fluren der Gemeinde zogen, um Segen für die Feldfrüchte zu erzielen. Der heilige Markus ist Schutzpatron von Venedig, der Bauarbeiter, Korbmacher und Schreiber, er schützt vor Gewitter und Hagel.

Vitalis 28. April Lostag

Gefriert's auf Sankt Vital,
gefriert's noch fünfzehnmal.

Am Vitalis-Tag ging der Bauer auf das Feld und verteilte Wasser aus der grundeigenen Quelle oder dem Brunnen, in dem die ganze Familie zuvor die Hände gebadet hatte. Die Pflanzen liebten es, wenn sie mit der Kraft und der Seele der Menschen zusammenkamen.

Walpurgisnacht 30. April/1. Mai Hexennacht

In Walpurgisnacht Regen,
bringt ein Jahr mit reichem Segen.

Wer am Maiabend setzt Bohnen,
dem wird's lohnen.

Wenn der April wie ein Löwe kommt,
geht er wie ein Lamm.

Der Walpurgisabend ist der Vorabend des Namensfestes der heiligen Walburga oder Walpurgis, die Schutz vor den Hexen gewährte. Es werden allgemein Vorkehrungen getroffen, um Dorf, Haus und Hof, Stall und Vieh vor den bösen Einflüssen der Hexen zu schützen, die an diesem Abend ihr Unwesen treiben. Nach dem Füttern der Tiere wurden die Stalltüren geschlossen und frisch ausgestochene Rasenstücke davorgelegt. Es herrschte der Glaube vor, dass die Hexen, wenn sie in den Stall wollten, erst die einzelnen Gräser dieser Rasenstücke zählen mussten, wozu sie bis Tagesanbruch brauchten, so dass Stall und Tiere von ihnen verschont blieben.

Palmsonntag   Grüner Sonntag   Lostag

Ist's Palmsonntag hell und klar,
gibt's ein gut und fruchtbar Jahr.

Wenn's am Palmsonntag regnet,
hält die Erde keine Feuchtigkeit.

Schneit's am Palmsonntag in die Palmen,
schneit's später in die Garben.

Palmen im Klee,
Ostern im Schnee.

An diesem Tag findet zur Erinnerung an den Einzug Christi in Jerusalem die Palmweihe statt. Vielerorts werden Weide-, Birken-, Haselnuss- und Stachelbeerzweige, Wacholder-, Buchen- und Ahornzweige geweiht. Die geweihten Palmen sind zauberkräftig und unheilabwehrend. Mit ihnen soll man die Kinder am Palmsonntag leicht berühren, damit sie nicht faul werden. Palmzweige steckte oder legte man hinter Kruzifix, Heiligenbilder und Spiegel, aber auch an die Türen der Zimmer, zwischen Sparren und Dielen der Viehställe; sie wurden in die Enden der Äcker gesteckt und in die Getreidehaufen gelegt zum Schutz vor Brand und Ungeziefer. Bei Gewitter ins Herdfeuer geworfen, schützten Palmzweige vor Feuersbrünsten.

Gründonnerstag   Anlasspfingsten   Schwendtag

Ist der grüne Donnerstag weiß,
so ist der Sommer heiß.

Mit dem Gründonnerstag (dies viridium), beginnt die stille Zeit der Karwoche, an ihm ruhen alle Arbeiten. Die Glocken schweigen von diesem Tag an oder »ziehen nach Rom«, um geweiht zu werden und kehren erst am Auferstehungstag, am Karsamstag, wieder zurück. An diesem Tag war es in vielen Regionen und Gegenden in Deutschland, Österreich und der Schweiz Brauch, etwas Grünes zu essen: eine Kräutersuppe von sieben oder neun Kräutern (Lauch, Löwenzahn, Petersilie, Sauerampfer, Schnittlauch, Bibernelle, Brennnessel, Brunnenkresse, Fetthenne, Holundersprossen), Spinat mit Ei, Kräutersoßen, Kräuterquark. Unter den Obstbäumen in den Garten und auf den Feldern wurde gebetet für Fruchtbarkeit und eine gute Ernte im kommenden Jahr.

Karfreitag   Stiller Freitag

Am Karfreitag trauert die Sonne bis drei Uhr nachmittags.

Karfreitagsregen ist Gottes Segen.

Karfreitags Sonnenschein bringt reiche Früchte ein.

Der Karfreitag (althochdeutsch chara bedeutet Trauer, Wehklage), der Todestag des Heilands, ist ein Tag ernster, stiller Trauer. Jede Arbeit ruht, Geräusch und Lärm wird vermieden, es wird streng gefastet. An diesem Tag soll man nichts verkaufen, nichts verleihen, kein Brot backen, nach dem Abendessen keine Milch abgeben. In einigen Gegenden Deutschlands durfte man nichts trinken, da Christus an diesem Tage Durst litt; es durften kein Hammer und keine Nägel angerührt werden, da es Christi Marterwerkzeuge waren; weder Haare noch Bart sollten geschnitten werden, sonst bekam man Kopfweh. Auch das Wetter war an diesem Tag von großer Vorbedeutung: »Regnet's am Karfreitag, so folgt ein dürrer Sommer«, oder es gehen die jungen Gänse zugrunde. Wenn am Morgen die Felder mit Reif bedeckt waren, brachte der Frost in diesem Jahr keinen Schaden, Regen verkündete Dürre für das Jahr. Der Karfreitag war voll Geheimnis und Magie. Wünschelruten wurden geschnitten und vor Sonnenaufgang wurde das Nagelkraut ausgegraben – das, bei sich getragen, Berge und Schatzgewölbe öffnete und versunkene Schätze auftat. Ein Bad im fließenden Wasser bescherte eine schöne Haut.

Karsamstag — Auferstehungstag

Am Karsamstag hat es neunerlei Wetter.

Der Karsamstag ist der Schlusstag der Fastenzeit. Die verhängten Altäre werden befreit, die Glocken läuten wieder. In früheren Zeiten war dieser Tag ein beliebter Tauftag, daher wurde er auch Taufsamstag genannt. Vor den Kirchen fand die Feuer- und Wasserweihe statt. Zum Feuer wurden Haselnußzweige mitgebracht, angekohlt und zu den geweihten Palmzweigen auf die Felder gesetzt. Ein bedeutungsvoller Augenblick an diesem Tag ist, wenn zum ersten Mal »die am Gründonnerstag gestorbenen Glocken wieder aufstehen« oder »von Rom zurückkehren«. Während der Zeit des Läutens muss man die Obstbäume im Garten begießen und schütteln, damit sie recht viel Früchte tragen, und Wasser aufs Dach schütten, damit kein Feuer entsteht. Der Karsamstagstau war ein beliebtes Schönheitsmittel.

Ostersonntag

Ostern im März verheißt ein gutes Brotjahr.

Ein Regen auf einen Ostertag
mehr Regen denn schön Wetter sagt.

Vom Futter aber auf den Wiesen
kann's Vieh nicht allzuviel genießen.

Ist's von Ostern bis Pfingsten schön,
wird billige Butter am Markte stehn.

Das Konzil von Nizäa legte fest, dass Ostern, das höchste kirchliche Fest, am ersten Sonntag nach dem auf den Frühlingsanfang (21. März) folgenden Vollmond gefeiert wird. Daraus ergibt sich, dass Ostern frühestens am 22. März und spätestens am 25. April gefeiert werden kann. Osterhase, Osterei, Osterlamm und Osterfeuer gehören zu den vertrautesten Symbolen der Osterzeit. Nach dem langen Fasten wurde nun auch prächtig aufgetischt, die Dienstboten und das Gesinde trugen das Essen in ihre Kammern, um es später zu verspeisen. In der Kirche wurden die Osterlaibe, Eier und Fleisch geweiht. Wenn es am Ostersonntag während des Gottesdienstes regnete, so blieb das zehnte Körnchen aus, und wenn es am Pfingstsonntag während der Kirche regnete, so kam das zehnte Körnchen wieder.

Ostermontag   Lostag

Regnet es auf Ostern eine Trän',
wird das Korn bis in die Sichel vergehen.

Wind, der auf Ostern weht,
noch vierzehn Tage geht.

Ostern komme früh oder spat –
es kommt etwas im grünen Staat.

Am Nachmittag des Ostermontags ritten die Pferdebesitzer dreimal im Galopp um die Kirche. Wurde dabei ein Hufeisen locker oder fiel es ab, nagelte man es an die Kirchentür. An vielen Orten war das Beschenken der Patenkinder mit roten Eiern und Gebäck üblich.

Weißer Sonntag   Klein-Ostertag

Der Weiße Sonntag ist immer der erste Sonntag nach Ostern. An diesem Tag empfangen die zehnjährigen Kinder die erste heilige Kommunion. Regnet es am Tag vor Ostern oder am Weißen Sonntag, so gibt es viel Regen zwischen Ostern und Pfingsten.

Mai

Mai – Majus – Maien – Mey – Weidemonat – Winnemanoth – Wonnemonat – Wonnemond – Blühmonat
Vom April bis Mai steigt die Temperatur am höchsten. Nachtfröste in diesem Monat sind sehr verderblich für Äcker, Felder und Wein.

Der Mai war beim Landvolk wegen seiner Spätfröste gefürchtet, dies besonders an den Tagen der drei Eisheiligen, auch Eismänner genannt (Pankraitus 12. Mai, Servatius 13. Mai, Bonifatius 14. Mai), und der kalten Sophie. An drei Tagen im Mai, den so genannten Bittagen, finden regelmäßig Flur- oder Bittprozessionen von der Kirche aus statt, um den Segen des Himmels auf die Fluren und Feldfrüchte herabzuflehen, wobei an einzelnen Wegkreuzen oder Kapellen verweilt wird. Der Mai galt als schlechter Hochzeitsmonat. Ein überliefertes Sprichwort drückt es besonders drastisch aus: »Hochzeit im Mai, ist der Tod dabei.«

Der Arbeitskalender für Acker, Feld und Garten

Im Mai, einem der schönsten Monate im Jahr, kann mit der warmen Witterung nach anhaltendem Regen das Unkraut üppig wuchern und sollte alsbald beseitigt werden. Wer Spargelanlagen hat, muss zu stechen anfangen. Wurde im April der Winterkohl noch nicht bestellt, so wird er noch, wie Herbst- und Winterrettich, vor Mitte Mai gesät, ebenso wie Kopfsalat, um diesen immer frisch zu haben. Ist der Mai trocken, so müssen alle Gemüse so viel als möglich gegossen werden. Es werden Kartoffeln ausgelegt und Hopfen angepflanzt. Im Garten legt man Gurken und Kürbisse und hält den Boden ziemlich feucht. Der Mai war für den Bauern günstig für das Setzen von Kraut und Kartoffeln und erfolgte zumeist in der zweiten Maiwoche.

Walprugis   1. Mai

Der Mai bringt der Rosen viel.

Im Mai wächst Brot und Heu.

*Regnet's am 1. Mai, regnet's die Gänse tot
und den Kühen die Hungersnot.*

Zum 1. Mai wurde im Wald ein hoher, schlanker Baum geschlagen, bis zur Spitze abgeschält und die Krone mit Bändern, Kränzen, bunten Papierschnitzeln und gefärbten Eierschalen geschmückt. So stellte man am Dorfplatz oder vor dem Wirtshaus den Maibaum auf. Am 1. Mai erfolgte nach dem Erteilen des Hirtensegens vielerorts zudem der Viehaustreib der Herden auf die Weide.

Kreuzfindung   3. Mai   Schwendtag

Im Mai zartes und duftiges Gras
gibt gute Milch ohne Unterlaß.

Am 3. Mai pflegte man ein schönes Zahlenspiel: 3 + 5 = der dritte Mai und fünfte Monat ergeben zusammen acht. Das bedeutete, dass man an diesem Tag die Augen aufbehalten sollte, vorsichtig sein musste. Wer sich verloben wollte, durfte nicht an einem Brennnesselstrauch vorbeigehen, kein Eisen anfassen, sich nicht unter einem Birnbaum küssen.
Der Tag wird außerdem gefeiert im Gedenken an die Übergabe der Kreuzreliquie durch die Perser im Jahre 628.

Florian   4. Mai   Lostag

Der Florian, der Florian,
noch einen Schneehut setzen kann.

Heiliger Sankt Florian,
verschon mein Haus – zünd' andre an!

Der heilige Florian, der große Frühlingsheilige, war ein hoher Beamter und Hauptmann im römischen Heer. Er erlitt nach der Legende den Märtyrertod durch Ertränken in der Enns. Sankt Florian ist Schutzpatron der Feuerwehrmänner und der Schmiede. Er hilft Menschen ebenso in Liebesnöten, wie es folgender Spruch aufzeigt:

O heiliger Sankt Florian!
Ich bitt mir halt auch einen Mann;
einen schönen und einen frommen,
ich wollt, er tät bald kommen.

Stanislaus   7. Mai   Schwendtag

Blumenkohl im Mai,
gibt Köpfe wie ein Ei.

Keine Pflanzen kaufen, nichts umsetzen, dem Vieh Ruhe gönnen, war die Devise dieses Tages. Wer sich nicht daranhielt, büßte die Ernte ein, musste um die Baumfrüchte bangen – und um die Bienen.

Erscheinung des Erzengels Michael   8. Mai   Schwendtag

Donner und Fröste im Wonnemond,
Müh und Arbeit wenig lohnt.

Der Erzengel Michael half, wenn es gar nicht mehr ging. Manche Bauern sprachen davon, dass sie zu ihm beteten, wenn eine Mondfinsternis mit all ihren Schrecken, Seuchnissen und Krankheiten bevorstand.

Antonius   10. Mai   Schwendtag

Nordwind im Mai
bringt Trockenheit herbei.

Warmer und trockener Mai, hört an,
der hat noch niemals gut getan.

An diesem Tag durfte nicht gesät, geernet, gehackt, gepflanzt, gebaut, gesegnet werden.

Die Eisheiligen   11., 12., 13., 14. Mai   Lostage
Mamertus, Pankratius, Servatius, Bonifatius

Mamertus, Pankratius, Servatius,
bringen oft Kälte und Verdruss.

Pankratius und Servatius sieht kein Gärtner gern,
denn es sind zwei sehr gestrenge Herrn.

Ist Pankratius schön, wird guten Wein man sehen.

Pankraz, Servaz und Bonifaz ohne Regen,
sind für die Winzer großer Segen.

Die drei Eisheiligen wurden auch »gestrenge Herren«, die »drei Gestrengen« oder »Eismänner« genannt. Sie stehen symbolisch für die gefürchtete und berüchtigte Frostgefahr, die Anfang Mai erwartet wird. Zu diesem Zeitpunkt kann die Temperatur bis unter Null sinken. (In Norddeutschland feiert man Mamertus, Pankratius und Servatius vom 11. bis 13. Mai.)

Sophie	15. Mai	Kalte Sophie	Lostag

Vor Nachtfrost bist du sicher nicht,
bevor Sophie vorüber ist.

Der Sophietag ist gefürchtet wegen des oft einsetzenden Regenwetters oder Kälterückfalls, weswegen der Tag oft auch »nasse oder kalte Sophie« genannt wird.

Paschalis	17. Mai	Schwendtag

Der Frost, der im Mai kommt, schadet dem Wein,
dem Hopfen, Bäumen, dem Korn und dem Lein.

Der heilige Paschalis hebt durch sein Wirken diesen Schwendtag wieder auf. In alten Zeiten half er beim schnellen Wuchs der Pflanzen, hielt Schädlinge fern und gab den Knechten und Mägden Kraft, ihr Tagewerk zu verrichten.

Urban	25. Mai	Lostag

Wie es sich um Sankt Urban verhält,
so ist's noch zwanzig Tage bestellt.

Hat Urban Sonnenschein,
gibt es viel und guten Wein.

Der Sankt Urbantag war ein wichtiger Lostag für die Winzer, denn die Witterung an Sankt Urban zeigte das zu erwartende Wetter im Herbst an. An diesem Tag herrschte vielerorts Arbeitsverbot. Dem heiligen Urban wird als Attribut u. a. eine Weintraube beigegeben. Er ist der Patron der Weinberge, des Weins sowie der Winzer und Küfer.

Petronilla   31. Mai   Schwendtag

Wenn es Klar an Petronell',
messt den Flachs ihr mit der Ell'.

Mai kühl und nass,
füllt dem Bauern Scheuer und Fass.

Wenn im Mai die Wachteln schlagen,
läuten sie von Regentagen.

Petronilla wird als Patronin Roms verehrt und schützt die Reisenden. Die Heilige wird außerdem bei Fieber und Hilfe angefleht.

Christi Himmelfahrt

Wie das Wetter am Himmelfahrtstag,
so auch der ganze Herbst sein mag.

Regen auf Himmelfahrt,
Wird Viehfutter schlecht bewahrt.

Um Himmelfahrt kommen die Gewitter zurück.

An diesem und dem Peter- und Paulstag soll man nicht baden,
da will der Fluss sein Opfer haben.

Der Himmelfahrtstag, der Gedenktag der Himmelfahrt Christi, ist eines der ältesten christlichen Feste. Es wird seit etwa 400 n. Chr. immer 40 Tage nach Ostern (der Ostersonntag wird dabei mitgezählt) an einem Donnerstag gefeiert. An diesem Tag wurde um Segen und

Schutz vor Hagelstürmen und Frühjahrsgewittern und Abwehr aller Gefahren für Mensch und Tier gebetet. Zur Abwehr gegen den Blitzschlag band man Himmelfahrtskränze zusammen und hing sie an Häusern und Ställen auf, in manchen Gegenden fanden Flurritte und Umzüge statt.

Pfingsten

Helle Pfingsten – dürre Weihnachten.

Regnet's am Pfingstsonntag,
so regnet's sieben Sonntag.

Wer sich am Pfingstsonntag vor Gewitter fürchtet,
am Montag von Pfingsten ganz glücklich wird.

Das Pfingstfest, das dritte der christlichen Hochfeste, wird stets am 50. Tag nach Ostern gefeiert und bildet den Abschluss des Osterfestkreises. An manchen Orten fanden Pfingstspiele statt, am Pfingstmontag (ein Schwendtag) wurden Spiele abgehalten, es fanden Flurumzüge und Wettrennen statt. Wer an diesem Tag am längsten schlief und zuletzt aufstand, wurde »Pfingstlümmel« genannt. Noch heute ist es mancherorts Brauch, an Pfingsten das mit Blumen geschmückte Vieh auf die Sommerweide zu treiben. Das Fest war gleichermaßen ein großer Tag für die Hirten.

Dreifaltigkeitssonntag   Trinitatis

Regnet's am Dreifaltigkeitssonntag,
ist auch an den folgenden Sonntagen mit Regen zu rechnen.

Der Dreifaltigkeitsontag am ersten Sonntag nach Pfingsten, wird auch »Goldener Sonntag« oder »Frommtag« genannt. An diesem Tag fanden Prozessionen, Flurumzüge und Wallfahrten statt. Wer am Dreifaltigkeitstag geboren wurde, hatte in seinem Leben viel Glück und war vom Schicksal sehr behütet. Dem Dreierprinzip, der Dreizahl, kam nach altem Volksglauben eine bedeutende Rolle zu, denn die Drei hatte schon immer eine magische Kraft. An Trinitatis galt allgemein ein strenges Arbeitsverbot, eiserne Geräte, selbst eine Nähnadel durfte am Dreifaltigkeitstag nicht angefasst werden. Wenn es an diesem Tag regnete, so regnete es 13 Sonntage lang.

Juni

Juni – Junius – Brachmanoth – Brachet – Brachmond – Brachmonat – Grasmonat

Vom Juni erwartet der Landmann viel Wärme und Trockenheit. Ist es jedoch am Sankt Medardustag nass, so heißt es: »Wie's wittert am Medardustag, so bleibt's sechs Wochen lang danach.« Der Sankt-Medardustag war den Bauern eigentlich nie ganz geheuer, denn der 8. Juni bildete fast immer den Ausgangspunkt einer kühlen, trüben und regnerischen Periode, die fast alljährlich zur gleichen Zeit wiederkehren zu pflegte und auch unter dem Namen Schafskälte bekannt ist.

Der Arbeitskalender für Acker, Feld und Garten

In diesem Monat muss viel gegossen und gedüngt, leere Beete umgegraben und mit frühem Wirsing, Kohlrabi, frühem Kraut und Kohl bestellt werden. Tomaten werden angebunden, Nutzpflanzen weiter ausgedünnt oder auseinander gesetzt. Hat das Kernobst zu viele Früchte angesetzt, kann man einen Teil ausbrechen. Zu Johanni, am 24. Juni, ist die Rhabarber- und Spargelernte abgeschlossen.

Justinus	1. Juni	Schwendtag

Soll gedeihen Korn und Wein,
muss im Juni Wärme sein.

Justinus, der als Wanderlehrer den christlichen Glauben verbreitete, wurde um 165 n. Chr. aufgrund seiner Überzeugung vom römischen Stadtpräfekten Junius Rusticus zusammen mit einigen seiner Gefährten zum Tode verurteilt.

Medardus   8. Juni   Lostag

Wer auf Medard baut,
erhält viel Flachs und Kraut.

Medard bringt keinen Frost mehr her,
der dem Weinstock schädlich wär'.

Ist Medardus feucht und nass –
regnet's weiter ohne Unterlass.

Der um 550 n. Chr. verstorbene Bischof von Vermand ist Patron der Bauern, Winzer und Bierbrauer. Er sorgt für Fruchtbarkeit der Felder und Weinberge und für Regen. Bei Zahnschmerzen, Fieber und Geisteskrankheiten wird seine Hilfe erbeten. Wenn es an Medardus regnet, regnet es noch vierzig Tage lang.

Barnabas   11. Juni   Lostag

Sankt Barnabas macht, wenn er günstig ist,
wieder gut, was verdorben ist

Regnet's an Sankt Barnabas,
schwimmen die Trauben bis ins Fass.

Barnabas wird als Apostel dargestellt – mit Buch, Stein und Ölzweig. Der Patron der Küfer und Weber schützt u. a. vor Hagel.

Sankt Vitus   15. Juni   Lostag

Nach Sankt Veit wendet sich die Zeit,
alles geht auf die andere Seit'.

Der heilige Sankt Vitus, einer der 14 Nothelfer, starb unter dem römischen Kaiser Diokletian als Märtyrer. Der Schutzheilige wird in allen Notfällen angefleht. Besonders bekannt ist er als Patron gegen die Fallsucht, den »Veitstanz«. Wer zur rechten Zeit aufwachen wollte, musste vor dem Schlafengehen ein Vaterunser beten und sagen:

»Ein Vaterunser für Sankt Veit, dass er mich aufweckt zur rechten Stund' und Zeit«. Zu Sankt Veit musste die richtige Heuernte beginnen, damit die Ernte ertragreich war.

Rainer   17. Juni   Schwendtag

Reif in der Juninacht
Dem Bauern Ärger macht.

Wurzelknollen, Blumen und Obst sollten nicht in einem »nassen« Sternzeichen wie Jungfrau, Wassermann oder Fisch eingekellert werden, da dann die Neigung zu Fäulnis besteht.

Gervasius   19. Juni   Lostag

Wenn es regnet es auf Sankt Gervasius,
es vierzig Tage regnen muss.

Der Heilige gilt als Patron der Kinder. Zudem schützt er gegen Diebstahl und verspricht eine gute Heuernte.

Sommersonnwende   21. Juni

Wenn Nordwind weht im Junius,
gar bald Gewitter folgen muss.

Ist die Milchstraße klar zu sehn,
bleibt das Wetter schön.

Funkeln heut die Stern,
spielt der Wind bald den Herrn.

Juniregen bringt reichen Segen.

Stürmt es an Sonnwend',
im nächsten Monat das Feld heiß brennt.

Um Johanni hat die Sonne den Sieg errungen, lockt die Pflanzen aus der Erde und lässt alles fröhlich sprießen. Auf den Hängen und Spitzen der Berge kann man in der Nacht riesige Feuer sehen, die Menschen singen und tanzen um die so genannten Sonnwendfeuer und springen paarweise darüber hinweg, wenn die Glut etwas niedergebrannt ist. Der Sommer wird willkommen geheißen. In das Feuer werden zu Blumen, Heilkräuter und Wacholderzweige geworfen.

Johannistag   24. Juni   Lostag

Wenn nach Johanni der Kuckuck schreit,
gibt's eine teure, böse Zeit.

Johannisregen – ohne Segen.

Am Sankt Johannistag hat der Teufel keine Macht.

Am Vorabend des Johannistages, der geheimnisvollsten und kürzesten Nacht des Jahres, am 23. Juni, werden Johannisblumen gesammelt, hinter Kruzifixe und Heiligenbilder oder unter das Dach gesteckt, damit der Blitz nicht einschlägt.
In früheren Zeiten wurden auf den Äckern und Feldern das Johannisevangelium gelesen, damit der Weizen nicht brandig wurde. Johannes der Täufer wird an diesem Tag geehrt.
Am Johannistag gesammelte Kräuter hatten doppelte Zauber- und Wirkkräfte. Zum Beispiel sammelte man an diesem Abend Holunderblüten und bereitete daraus einen Tee zu, der besonders heilkräftig war. Wer Johanniskraut (Hypericum perforatum) an diesem Tag pflückte, wurde reich und glücklich.
Vielerorts fand man sich zusammen, um bei Anbruch der Dämmerung die Johannisfeuer zu schüren. War das Feuer niedergebrannt, umtanzte man es oder sprang darüber. So hoch man springen konnte, so hoch wuchs in diesem Jahr der Flachs.

Siebenschläfer   27.Juni   Lostag

Ist der Siebenschläfer nass,
regnet's ohne Unterlass.

Das Wetter am Siebenbrüdertag
sieben Wochen lang bleiben mag.

Wenn das Wetter vor Johanni grob,
ist's nach Johanni lind.

Die Siebenschläfer waren sieben christliche Brüder und Jünglinge, die während einer Christenverfolgung durch Decius (200–251) im Jahre 251 in einer Höhle bei Ephesus einschliefen und erst im Jahre 446 wieder unter Theodosius (401–450) erwachten. An diesem Tag wurde gewöhnlich Eisenkraut gesammelt, gegen Kopfweh und Schlafsucht. (In Süddeutschland gilt Peter und Paul als Siebenschläfertag.)

Peter und Paul   29. Juni   Lostag

Regnet's am Tag von Peter und Paul,
steht's mit dem Wetter faul.

Ist's Petrus bis Laurentius heiß,
dann bleibt's im Winter lange weiß.

Wenn Petrus und Paulus rückt seinen Hut,
gerät das Sommerkorn immer recht gut.

Die Apostel Peter und Paul (Petrus und Paulus) gelten als »Wetterherren«, daher wird der 29. Juni auch »Wetterherrentag« genannt. Dieser Tag wurde allerdings in einigen Gegenden auch als Unglückstag betrachtet, weil zwei Apostel diesen regieren.

Donatus   30. Juni   Schwendtag

Stellt der Juni mild sich ein,
wird's auch der September sein.

Der heilige Donatus (der Geschenkte) ist ein bedeutender, wenn auch weniger bekannter Wetterheiliger und Patron gegen Unwetter, Hagel, Blitz und Überschwemmungen.

Fronleichnam   Herrgottstag

Fronleichnamstag – Gott Stadt und Fluren segnen mag.

Wenn's am Fronleichnamstag ist schön,
so wird's wohl stehn.

Wenn am Fronleichnamstag das Schilf den Berg herabtreibt,
gibt's ein gutes Haferjahr.

Höhepunkt an dem von Papst Urban IV. (1261–1264) allgemein ein-
geführten Feiertag, der am 2. Donnerstag nach Pfingsten (10 Tage
danach) begangen wird, ist die Fronleichnamsprozession. Die Prozessionen am größten Frühlingsfest der Kirche führten durch
Straßen und über Flur, Felder und Wasser. Nach den Prozessionen
nahm man etwas von den geweihten Birken, Tannreisern und Kränzen der Altäre mit nach Hause und steckte es hinter Kruzifixe und
Heiligenbilder als Schutz vor Blitz, Gewitter und Feuer.
Der heilige Donatus (der Geschenkte) ist ein bedeutender, wenn
auch weniger bekannter Wetterheiliger und Patron gegen Unwetter,
Hagel, Blitz und Überschwemmungen.

Juli

Juli – Julius – Quintilis – Hewimanoth – Heumond – Heuert – Heumonat – Heuet – Erntemonat

Im Juli, auch Heumond, Heumonat oder Apostelmonat, beginnen
die Hundstage, die heißesten Tage des Jahres. Sie heißen deswegen
Hundstage, weil am 23. Juli der Sirius, der Hundsstern, am Nacht-
himmel aufgeht. Bei den Römern war der Juli der 5. Monat (Quintilis). Er erhielt im Jahre 45 v. Chr. zu Ehren Julius Cäsars den Namen
Julius. Jetzt machte man sich auf, um die Kräuter für die Kräuterweihe zu sammeln. Dazu gehörten, der Tradition entsprechend: die
Wetter- oder Königskerze, Johanniskraut, Tausendguldenkraut, Kamille, Schafgarbe und Wermut. Nach der Weihe der Kräuter hing
man den Kräuterbüschel oder Würzwisch über die Haustür und

auch in den Stall. Die Kräuterbüschel symbolisierten die üppige Pflanzenkraft des Sommers und galten auch als Glücksbringer.

Der Arbeitskalender für Acker, Feld und Garten

Der Juli, der für den gesündesten Monat gehalten wird, ist im Durchschnitt die wärmste Zeit des Jahres, vor allem in seiner zweiten Hälfte. Die Temperatur kann bis Ende des Monats auf bis zu 30 Grad steigen. Es gibt zahlreiche Gewitter. Der Juli, in dem es kaum Nebeltage gibt, ist nicht nur für das Getreide, sondern ebenso für die Weinlese ein entscheidender Monat. Er bringt zudem den reichsten Ertrag an Gemüse. Jetzt fängt der Blumenkohl an zu reifen. In diesen Tagen werden die reif gewordenen Frühkartoffeln aus der Erde genommen. Die noch nicht ganz ausgereiften Aprikosen werden geerntet und eingemacht, ebenso die Walnüsse. Vor allem darf das Gießen nicht vergessen werden.

Mariä Heimsuchung   2. Juli   Lostag

Wie der Marientag vergeht,
so der Winter vergeht.

Wie das Wetter an Mariä Heimsuchung,
so wird es vierzig Tage sein.

Am Tag von Mariä Heimsuchung, ein alter Zinstag, wurden zur Abwehr von Unwettern und Feuersbrünsten durch Blitzeinschläge Haselzweige oder Rosenkränze an die Fenster gehängt.

Ulrich   4. Juli   Lostag

Regen am Ulrichstage macht die Birnen wurmstichig.

Der Patron von Stadt und Bistum Augsburg schützt die Reisenden, die Weber und die Sterbenden. Nicht nur gegen Krankheit, Fieber oder Tollwut wird seine Hilfe erbeten, sondern ebenso bei einer Ratten- oder Mäuseplage.

Anton Maria Zaccharia   5. Juli   Schwendtag

Ist's im Juli recht hell und warm,
friert's um Weihnachten reich und arm.

Was Juli und August nicht kocht,
kann der September nicht braten.

So golden die Sonne im Juli strahlt,
so golden sich der Roggen mahlt.

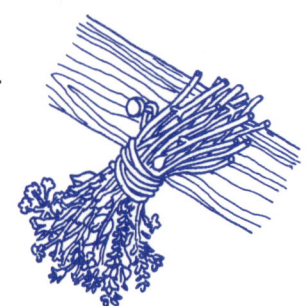

Jetzt machte man sich auf, um die Kräuter für die Kräuterweihe zu sammeln. Dazu gehörten, der Tradition entsprechend: die Wetter- oder Königskerze, Johanniskraut, Tausendguldenkraut, Kamille, Schafsgarbe und Wermut. Nach der Weihe der Kräuter hing man den Kräuterbüschel oder Würzwisch über die Haustür und auch in den Stall. Die Kräuterbüschel symbolisierten die üppige Pflanzenkraft des Sommers und galten auch als Glücksbringer.

Maria Goretti   6. Juli   Schwendtag

Donnert's viel im Julius,
gibt's später so manchen Regenguss.

Das tägliche Brot war oft schwer verdient und errungen. Das Sprichwort „Den Brotkorb höher hängen" stammt aus der Zeit, da man das angeschnittene Brot in einem Körbchen oder einer kleinen Truhe aufbewahrte. Alle Brotreste wurden gesammelt und nicht weggeworfen. Vielerlei Gerichte und Speisen der bäuerlichen Küche wurden mit dem gesammelten und getrockneten Brot zubereitet. Brot war das wichtigste Grundnahrungsmittel für die Landbevölkerung. Es wurde daher kein Krümel verschwendet. Sogar die Brosamen, die am Tisch übrig blieben, gab man dem Vieh zum Futter hinzu.

Sankt Kilian   8. Juli   14 Nothelfer   Lostag

An Sankt Kilian sä' Wicken und Rüben an.

Da um die Mitte des Monats die Roggenernte beginnt, heißt es in Bayern: »Sankt Kilian stellt die ersten Schnitter an.« Der heilige Kilian hilft gegen Rheuma und Gicht. Am gleichen Tag werden außerdem die vierzehn Nothelfer verehrt: Achatius, Ägidius, Barbara, Blasius, Christophorus, Cyriacus, Dionysius, Erasmus, Eustachius, Georg, Katharina, Margareta, Pantaleon und Vitus.

Knud   10. Juli   Lostag

Öfter kalter Tau im Julius
macht das Obst wurmstichig.

Heißer Juli verheißt guten Wein.

Im Juli und Sommerstaub
grünt dem Bauer das welke Laub.

Wenn's im Juli nicht donnert und blitzt,
wenn im Juli der Schnitter nicht schwitzt,
der Juli dem Bauer nichts nützt.

Der heilige Knud (auch Knut) war König von Dänemark (1080–1086). Er wurde am 10. Juli 1086 von Aufrührern getötet und war der erste Märtyrer Dänemarks.

Apostelteilung   15. Juli   Lostag

Ist Apostelteilung schön,
so kann das Wetter der Brüder vergehn.

An diesem Tag trennten sich die Apostel, um in die Welt hinauszugehen und das Evangelium zu verkünden. Dieser Tag wird auch der heiligen Zwölfboten Scheidungstag genannt.
Insektenstiche, die man sich während der Feldarbeit zuzieht, reibt man mit dem altbewährten »Fliegenbrei« ein: Man mischt fünf Teile Essig mit einem halben Teelöffel Salz und reibt mit dieser Mischung die betroffenen Stellen ein.

Alexius 17. Juli Lostag

Wenn's auf Alexius regnet,
wird die Frucht teuer.

Wenn's an Alexius regnet,
so fault das Getreide auf der Mauer.

Nach einer syrischen Legende aus dem 5. Jahrhundert entfloh Alexius am Tage seiner Hochzeit nach Edessa. Dort führte er bis zu seinem Tode ein Leben, das von Entbehrungen gekennzeichnet war. Er gilt als Patron der Pilger, Bettler und Gürtler.

Vinzenz von Paul 19. Juli Schwendtag

Nur in der Juliglut
wird Obst und Wein auch gut.

Der heilige Vinzenz von Paul wurde 1737 von Papst Clemens zur Ehre der Altäre erhoben. Auf Fürbitten des Heiligen geschahen viele Wunder. Er gilt als einer der größten Wohltäter Frankreichs, er ist der Patron aller religiösen Genossenschaften, der Krankenhäuser, der Gefangenen, des Klerus, der Waisen sowie für das Auffinden verlorenen Gegenstände.

Margareta 20. Juli Lostag

Die erste Birn' bricht Margaret',
drauf überall die Ernt' angeht.

Hat Margrit keinen Sonnenschein,
dann kommt das Heu nicht trocken ein.

Margaret – die Wetterfrau.

Der Margaretentag ist ein gefürchteter Lostag, denn »Margaretenregen bringt keinen Segen«. Daher sahen die Bauern diesem Tag mit entsprechender Sorge entgegen. Margareta, die um 307 in Antiochien enthauptet wurde, ist Patronin der Bauern, Jungfrauen, Ammen und Helferin in Geburtsnöten. Margareta zählt zu den 14 Nothelfern. In diesem Zusammenhang gehört sie mit Katharina und Barbara zu den »drei heiligen Madl«. In der Margaretenwoche war in einigen Gegenden und Regionen unseres Landes das Arbeiten verboten.

Maria Magdalena   22. Juli   Schwendtag

Magdalena weint um ihren Herrn,
drum regnet's an diesem Tage gern.

Am Tage der heiligen Magdalen
kann man schon volle Nüsse sehen.

Maria Magdalena (hebr. die Erhobene, die Haarflechterin), angeblich eine Schwester der Martha und des Lazarus, beschützt von Christus, der keinen Stein auf sie werfen ließ. Sie ist Patronin bei Wassergefahr, Unwetter und Pest, der Quellen, der gefallenen Mädchen, Friseure, Haare, Kammacher, Parfümhändler, Gärtner.

Brigitta von Schweden   23. Juli

Hundstage heiß und schwül,
braucht der Bauer Hände viel.

Wenn die Sonne in den Löwen geht,
die größte Hitz' als dann entsteht.

Am 23. Juli beginnen die gefürchteten »Hundstage«, die heißesten Tage im Jahr (in manchen Gegenden bereits am Margaretentag). Sie dauern normalerweise bis zum 24. August (bisweilen wechselnd die Datierungen). Waren sie trübe und bewölkt, so fürchtete man pestartige Krankheiten; waren sie schön und klar, so konnte man auf ein gesundes Jahr hoffen. Die Hundstage gingen auf den Aufgang des Sirius zurück. Der Hundsstern war der glänzendste Stern am nächtlichen Himmel.

Man vermied es, an diesem Tage Arzneien herzustellen und Kräuter zu sammeln, da das böse Licht des Hundssterns die Kraft der Heil- und Kräutermischungen vertrieb. Aderlass war verboten.

Jakob 25. Juli	Lostag

Sind um Jakobi die Tage warm,
gibt's im Winter viel Kält' und Harm.

Sankt Jakobustag vormittags beuten tut
die Zeit des Weihnachten, das halt in Hut.

Bläst Jakobus weiße Wölkchen in die Höh'
sind's Winterblüten zu vielen Schnee.

Der Patron der Krieger, Pilger, Arbeiter, Hutmacher, Wachszieher und Apotheker war für das Gedeihen der Feldfrüchte und Äpfel zuständig – daher die so genannten Jakobi-Äpfel.

Anna 26. Juli	Lostag

Zu Sankt Ann',
gehen die kühlen Morgen an.

Anna warm und trocken,
macht den Bauer frohlocken.

Die heilige Anna ist die Mutter der Jungfrau Maria, Patronin der Ehefrauen, Schiffer und Bergleute sowie Beschützerin der Armen. Reicher Kindersegen wird von der heiligen Anna erbeten.

Beatus und Bantus 28. Juli	Schwendtag

Wenn im Juli die Ameisen ungewöhnlich tragen,
wollen sie einen frühen und harten Winter aufsagen.

An Neumondtagen sollte nichts gepflanzt, gesät, gesetzt oder gehackt werden. Steht der Mond im Skorpion oder Fische, dann darf man kein Unkraut jäten. Wer sich Schnaps brennen möchte für den Winter, muss dies unter dem aufgehenden Mond im Zeichen Stier machen.

August

August – Augustus – Sextilius – Aranmanoth – Ährenmonat – Augstmond – Ernting – Erntemonat – Wärmemonat

In der zweiten Hälfte des Monats August, der auch Ernte- oder Hitzemond genannt wird, sind die heißen Tage meist vorbei. Es kann viel regnen. In den letzten Augusttagen treten bereits die ersten vorherbstlich kühlen Tage auf, die manchmal einen recht empfindlichen Temperaturrückgang aufweisen. Nach alter Überlieferung sollen auf einen heiteren, sehr warmen Sommer im August 14 Tage Regen folgen.

Der Arbeitskalender für Acker, Feld und Garten

In diesem Monat muss auf dem Feld und im Garten viel getan werden: hacken, jäten, bei trockenem Wetter gießen, reif gewordenes Gemüse ernten und einlagern oder einkochen. Winterspinat wird gesät und ebenso Radieschen. Auf abgeernteten Beeten kann man Kopfsalat säen. Kücherkräuter können zum letzten Mal geschnitten und, wenn das Wetter nicht zu heiß ist, geteilt und umgepflanzt werden. Frühobst, Gurken und die ersten reifen Tomaten werden geerntet.

Petri Kettenfeier	1. August	Schwendtag

> *Ist's Petrus bis Laurentius (10. August) heiß,*
> *dann bleibt der Winter lange weiß.*

Der 1. August gilt als großer Unglückstag, weil der Legende nach Luzifer an diesem Tag aus dem Himmel geworfen wurde. Petrus ist Schutzheiliger der unschuldig Verfolgten und im Kerker Schmachtenden, Patron der Hirten und des Wetters.

Dominikus   4. August   Lostag

Wenn's heiß ist an Dominikus,
ein strenger Winter folgen muss.

Je mehr der heil'ge Dominikus schürt,
desto ärger man im Winter friert.

Es gab Gegenden in unserem Lande, da war das Schneiden des Getreides fremden Erntearbeitern erlaubt, das Binden der Garben hingegen wurde von den Menschen besorgt, die bei den Erntefeldern lebten, ihre Kinder großzogen und starben. Bezog sich an einem Tag der Himmel und war die Ernte gefährdet, wurden auch Pferde- und Schafknechte, Ochsen-, Kuh- und Schweinehirten hinzugezogen.

Oswald   5. August   Lostag

Wenn's an Oswald regnet,
wird teuer das Getreid',
und wären alle Berg
aus Mehl bereit't.

In den ersten 14 Tagen im Monat August darf kein Holz geschlagen werden; wenn es aber denoch sein muss, muss der Vollmondtag umgangen werden, da das Holz sonst schlecht trocknet. Sensen, die im Feuer von im Vollmond geschlagenen Holz geräuchert werden, brechen leicht.

Laurentius   10. August   Lostag

Auf Sankt Laurentius Sonnenschein,
folgt gutes Jahr und guter Wein.

Kommt Laurentius her,
wächst das Holz nicht mehr.

Sankt Lorenz mit heißem Hauch
füllt dem Winzer Fass und Schlauch.

Der heilige Laurentius oder Lorenz ist Patron der Feuerwehrleute, Köche, Bäcker, er bewahrt vor Brandwunden und Hautkrankheiten. Am Laurentiustag werden Pferde und Fluren gesegnet, Wallfahrten und Bittgänge abgehalten. Innerhalb des Hauses durfte kein Feuer gezündet werden. In klaren Sommernächten kann man am Himmel die »Laurentiustränen« beobachten, den Feuer sprühenden, jedes Jahr zur gleichen Zeit auftauchenden Sternschnuppenschwarm. Das hielt die alte Volksweisheit fest: »Sankt Lorenz kommt in finsterer Nacht, ganz sicher mit Sternschnuppenpracht.« Es ist überliefert, dass es am Laurentiustag häufig regnete.

Maria Himmelfahrt	15. August	Lostag

Der große Frauentag, Unser Frauen Scheidungstag

Mariä Himmelfahrt Sonnenschein,
bringt meistens auch viel guten Wein.

Um Mariä Himmelfahrt das wisse,
gibt's die ersten Nüsse.

Mariä Himmelfahrt wurde als ältestes Marienfest 813 in Deutschland eingeführt. Nach der Legende fand man bei der Öffnung des Grabes von Maria statt des Leichnams nur Pflanzen und Blumen. An diesem Tag wurden Kräuter geweiht, wie beispielsweise Marienglockenblume, Madonnenlilie und Mariendistel, die ihren Namen tragen, aber auch Hirschkraut, Speik, Beifuß, Wermut, Labkraut. Die in der Kirche geweihten Kräuter- und Blumensträuße wurden gegen Viehkrankheiten benutzt oder im Stall zum Schutz der Tiere aufgehängt. Manche Kräuterbüschel enthalten: Liebstöckel, Dost, Johanniskraut, Pfefferminze, Königskerze, Salbei, Schafgarbe. Mit Mariä Himmelfahrt begann nach altem Glauben eine Zeit, in der »alles Lebendige und Lebende in der Natur« auf der Erde besonders gesegnet war. An diesem Tag begannen die so genannten Frauendreißiger, 30 Tage, in denen überall feierliche Marienprozessionen stattfanden, Kräuter geweiht wurden und der Himmelskönigin Maria gehuldigt wurde.

Rochus — 16. August — Lostag

Wenn Sankt Rochus trübe schaut,
kommt die Raupe in das Kraut.

Der heilige Rochus wird als Patron gegen Pest und Seuchen verehrt.

Hyazinth — 17. August — Schwendtag

Den schönsten Tag im August
erkennt man schon am Morgen.

Bohnenwasser ist ein ausgezeichnetes Mittel zur Beseitigung von Flecken. Die Herstellung ist einfach und kostet fast nichts: Die trockenen weißen Bohnen werden mit weichem, salzlosen Wasser angesetzt und drei Stunden lang gekocht. Mit der abgegossenen lauwarmen Bohnenbrühe lassen sich Flecken rasch und fast mühelos entfernen. Wenn die Stoffe, solange sie noch etwas feucht sind, gut gebügelt werden, erscheinen sie nach dieser Behandlung wie neu.

Sebaldus — 19. August — Lostag

Regnet es an Sankt Sebald,
nahet teure Zeit sehr bald.

Der Patron von Nürnberg wird um Schutz vor der Kälte gebeten.

Alberich von Utrecht — 21. August — Schwendtag

Wie der August heuer war,
wird sein der nächste Februar.

Wenn im August nach Sonnenuntergang
ein dicker Nebel über Flüssen, Bächen, Wiesen liegt,
deutet's auf anhaltend gutes Wetter.

Der zumeist heißeste Tag des Jahres im August kann nicht darüber hinwegtrösten, dass die Tage wieder kürzer werden.

1. Sonntag der Frauendreißiger   22. August   Schwendtag

Frauendreißiger ist der Zeitraum, in den die Feste Mariä Himmelfahrt, Mariä Geburt und Mariä Namen fallen. In dieser Zeit mit ihrem dreifachen Segen entfalteten die Heilkräuter ihre größte Kraft. Nach altem Volksglaube müssen sie mit Hand gepflückt werden und nicht mit metallischen Gegenständen berührt werden. Die Natur steht dem Menschen sehr wohlgesinnt gegenüber, nichts ist giftig, nichts schädlich. Man nahm an, dass die gesteigerte Heilkraft der Kräuter auf die kosmische Wirkung des Augustvollmondes zurückzuführen sei. Bis zum heutigen Tage ist nichts von diesem Zauber verlorengegangen.

Bartholomäus   24. August

Wie sich Bartholomätag hält,
so ist der ganze Herbst bestellt.

Butter bereitet zu Bartholomä –
heilt so manches Ach und Weh.

Der heilige Bartholomäus erlitt einen besonders grausamen Märtyrertod. Ihm wurde bei lebendigem Leib die Haut abgezogen und dann das Haupt abgeschlagen. Mit Bartholomäus beginnt der bäuerliche Herbst. Nicht umsonst ist er der Patron und Schutzherr der Ernte, der Rinder und des Weines. Am Festtag des Heiligen wurde nicht gearbeitet.

Augustin   28. August   Lostag

Um Augustin ziehn die Wetter hin.

Der Patron der Theologen, Buchdrucker und Bierbrauer wird um gute Augen gebeten.

| Sabina | 29. August | Schwendtag |

Was der August nicht kocht,
wird auch der September nicht braten.

Die jugendliche Märtyrin wird meist mit Krone, Palme und Busch dargestellt. Sie wird als Patronin der Hausfrauen und Kinder verehrt.

September

September – Septembris – Witumanoth – Herbstmond – Herbstmonat – Scheiding – Früchtemonat

Mit dem September, auch Obstmond, Hartmond oder Wildmond genannt, nehmen die Wärme und die Länge der Tage erheblich ab, was den September aber nicht daran hindert, uns oft noch eine lange Reihe warmer und sonniger Tage zu bescheren. Deshalb nennt man ihn auch in manchen Gegenden Deutschlands den »Mai des Herbstes«. In diesem Monat gibt es eine Periode klarer sonniger Tage. Vor allem im ersten Septemberdrittel kann es noch recht warm werden. In der zweiten Monatshälfte, verstärkt bis zum hin zum Monatsende, kann es allerdings zu starkem Temperaturrückgang kommen, zu Reifbildung und lang anhaltenden Regenfällen.

Der Arbeitskalender für Acker, Feld und Garten

Was von den Augustarbeiten im Feld und Garten liegen geblieben ist, muss in der ersten Monatshälfte ausgeführt werden. Ausgesät werden die Wintersalate und die Kohlarten, die durchwintern sollen: Blumenkohl, Kraut, Wirsing, Kohlrabi. Bei Tomaten müssen Spitzen, Blüten und kleine Früchte abgeschnitten werden, damit den unten hängenden mehr Nahrung zugeführt wird.

| Ägidius | 1. September | Lostag |

Wenn Egidius bläst ins Horn,
heißt es: Bauer, sä' dein Korn!

Gib auf Ägidius gut Acht,
er sagt dir, was der Monat macht.

Wie Sankt Ägidius das Wetter hält,
so soll es den ganzen Monat bleiben.

Der heilige Ägidius, einer der 14 Nothelfer, war Abt in Südfrankreich. Er ist Schutzpatron der stillenden Mütter, der Hirten und des Viehs. Mit dem 1. September beginnt der schönste Herbstmonat, der Roggen muss ausgesät werden, die Trauben sind reif, das Spätobst wird abgenommen. Wie die Witterung sich an Ägidius zeigt, so bleibt es vier Wochen lang. In manchen Gegenden ist der 1. September ein Schwendtag, da an ihm Sodom und Gomorrha zerstört wurden.

Apollinaris   2. September   Schwendtag

Septembergewitter sind Vorboten von Sturm und Wind.

Wer müde war, sich krank oder erschöpft fühlte, ging an diesem Tag kurz nach Sonnenaufgang in den Wald und suchte eine Quelle auf, um dort »Leib und Seele« zu baden, zu reinigen und dem Körper zu neuer Kraft zu verhelfen. Auf dem Feld wurde nicht gearbeitet, da es an diesem Tag ja doch »keinen Segen bringen würde«.

Mariä Geburt   8. September   Kleiner Frauentag   Lostag

Am Tage Mariä Geburt,
ziehen die (Störche) Schwalben furt.
Bleiben sie aber da, ist der Winter noch nicht nah.

Nach Mariä Geburtstag
der Sämann nicht mehr warten mag.

An Mariä Geburt findet die letzte große Marienwallfahrt statt. Auf den Almen wird das festlich geschmückte Vieh zusammengetrieben und ins Tal geführt. Ist das Wetter an diesem Tag schön, werden es auch die nachfolgenden Tage sein.

Gorgon 9. September	**Lostag**

*Bringt Sankt Gorgon Regen,
folgt ein Herbst mit bösen Wegen.*

*Wie im September tritt der Neumond ein,
so wird das Wetter den Herbst durch sein.*

*Ist Gorgon schön,
bleibt's noch sechs Wochen schön.*

*Wenn an Gorgon die Sonne am Himmel lacht,
es dem Bauern viel Freude (Taler) macht.*

Wenn es an diesem Tag regnete, galt das als ein weniger gutes Omen, denn die nachfolgenden Wochen wurden am »Gorgon-Regen« gemessen.

Wer an diesem Tag eine Blindschleiche entdeckte und ihr folgte, konnte einen großen Schatz finden, vorausgesetzt, er war lauteren Herzens.

Felix 11. September	**Lostag**

*Wenn Felix nicht glückhaft,
der Michel keinen Wein schafft,
hat Gallus nur sauern
aufs Geld für die Bauern.*

*Bischof Felix zeiget an,
was wir in vierzig Tagen für Wetter han.*

*Geht die Sonne feurig auf,
folgen Wind und Regen drauf.*

Am heutigen Tage geschlagenes Bauholz kann nur für einfache Zäune oder Kleinvieh-Hage verwendet werden. Für Bauten, die lange halten sollten, ist es zu rissig und fault zu rasch. Ebenso wenig eignet sich das Holz für die Anfertigung von Ersatzstücken.

Mariä Namen   12. September   Schwendtag

Tritt im September viel Donner ein,
wird Februar und März recht schneereich sein.

An diesem Tag wurde von den Armen einst Korn gesammelt, das besonders gut aufging und reiche Ernte versprach. In manchen Gegenden durfte zwischen Sonnenaufgang und Sonnenuntergang kein Obstbaum geschüttelt werden, da er sonst im nächsten Jahr keine Früchte mehr tragen konnte.

Kreuzerhöhung   14. September   Lostag

Ist's hell am Kreuerhöhungstag,
so folgt ein strenger Winter nach.

Das Fest »Die Erhöhung des Kreuzes« wird im Gedenken an Jesus gefeiert, der laut dem Evangelium den Jüngern seinen Tod am Kreuz ankündigte.

Ludmilla   15. September   Großer Schwendtag

Sankt Ludmilla, das fromme Kind,
bringt gern Regen und Wind.

Ein großer Schwendtag ist ein Tag, an dem nichts unternommen werden sollte. Es ist ein Tag, der alle anderen Tage leitet und darüber auch mahnt, dass Jesus Christus »an einem Tage« den Tod am Kreuze erleiden musste. Es ist also ein Untag, an dem viele Menschen in früheren Zeiten die Fenster verhängten.

Kornelius   16. September   Lostag

Septemberregen für Saat und Reben,
kommt dem Bauern gelegen.

Der Patron der Bauern und des Rindviehs hilft gegen Fallsucht, Krämpfe und Ohrenleiden.

Lambert   17. September   Lostag

Auf Lambert hell und klar,
folgt ein trocken Frühjahr.

Der Schutzheilige der Bauern, Chirurgen, Bandagisten und Zahn-
ärzte wird bei Nierenleiden um Hilfe angefleht.

Lambert   18. September   Schwendtag

Zu Lambert nimm die Kartoffel raus,
doch breit ihr Kraut auf dem Felde aus,
der Boden will für seine Gaben
doch ihr Gerippe wieder haben.

Lampert »der Allbekannte« war Bischof von Maastricht und wurde
als Märtyrer ermordet. Der Heilige gilt als Patron der Ärzte und
wird angerufen bei Augenoperationen, Augenleiden und wenn man
vor lauter Sorgen »nicht mehr die Welt vor Augen sieht«.

Matthäus   21. September   Schwendtage (21. Bis 28. September)

Tritt Matthäus ein,
muss die Saat beendet sein.

Am Matthäustag beginnen die Schwendtage. Sie erstrecken sich im
September vom 21. bis zum 28. Diese Tage sind ungünstig für bestimmte Unternehmungen, besonders Vertragsabschlüsse, Reisen,
Hochzeiten, Geschäftseröffnungen und -verhandlungen. In Angriff
genommen werden sollten an diesen Tagen Tätigkeiten wie das Roden von Bäumen und Sträuchern, Unkrautjäten, Putzen, Reinigen,
Saubermachen sowie Trennungen von Menschen und Situationen.

Michael   29. September   Lostag

Michel steckt das Licht an,
das Gesind' muss zum Spinnen heran.

Wenn Nord und Ost zu uns weht,
ein harter Winter vor uns steht.

Um Michaeli in der Tat,
gedeiht die beste Wintersaat.

Der Tag des heiligen Michael, des Engels und Schutzpatrons der Deutschen, gilt als Ende des Sommerjahres, auch »Sommersilvester« genannt. An diesem »Schlenggeltag« oder »Truhentag« wechselten die bäuerlichen Dienstboten ihre Arbeitsplätze und schafften ihre Truhen oder Kisten zum neuen Brotherrn.

Altweibersommer

Der Altweibersommer tut nicht lang gut,
und steht er auch in aller Heiligen Hut.

Allerheiligen bringt Sommer für alte Weiber,
der ist des Sommers letzter Vertreiber.

In der letzten Septemberwoche beginnt der Altweibersommer, auch Flug- oder Frauensommer genannt. Der Altweibersommer ist als die eigentliche Übergangszeit von der sommerlichen zur winterlichen Witterung anzusehen und bedeutet somit den Abschied des Sommers im September und Oktober. Seinen Namen hat er von den in dieser Jahreszeit die Luft durchziehenden glitzernden, flatternden, hauchdünnen Spinnfäden. Der Volksglaube erblickte in den weißen, flatternden Fäden die Arbeit der kunstvoll spinnenden, das Schicksal abmessenden Nornen oder Wolkenjungfrauen, der Parzen. Die einst blühenden jungen Mädchen mit goldenen Haaren wurden zu missgestalteten Ungeheuern. Daher der Name Altweibersommer. In Wahrheit sind die Fäden das Gespinst ganz junger kleiner Spinnen, die, vom Wind fortgetragen, Fäden nach sich ziehen, bis sie ein schützendes Quartier gefunden haben.

Oktober

Oktober – Octobris – Widumenmanoth – Weinmond – Weinmonat – Gilbhard – Herbstmonat – Reifmond

Erfahrene Bauern wissen, dass ein warmer, überwiegend heiterer September auf einen kalten, regnerischen Oktober schließen lässt. Nach überlieferten Wettermeldungen sind Anfang des Monats im Flachland vereinzelt einige wenige Frosttage zu erwarten, während ein Drittel aller Oktobermonate ansonsten ganz frostfrei bleibt. In höheren Lagen kann es zu Schneefällen kommen. Vom Oktober bis November ist mit stärkstem Temperaturfall zu rechnen.

Der Arbeitskalender für Acker, Feld und Garten

Bei trockenem Wetter wird das Wurzelgemüse herausgenommen, das für den Winterbedarf im Keller eingeschlagen oder in Gruben aufgehoben wurde. Ist man vor Hasen und Kaninchen sicher, kann Rosenkohl und Krauskohl stehen bleiben, sonst müssen die Stauden in leere Mistbeete oder im Keller eingeschlagen werden. Knollensellerie wird, bis auf die Herzblättchen, ganz von Blättern entblößt in tiefere Gruben mit den Wurzeln in Erde eingeschlagen. Er wird zudem bei eintretendem leichten Frost mit einer Lage Stroh, bei starkem Frost mit Erde bedeckt. Spätkartoffeln werden ausgehoben und zum überwintern in Gruben oder in den Keller gebracht. Meerrettich und Schwarzwurzeln bleiben in der Erde. Sind alle Gemüse versorgt und eingebracht, werden die Felder, Anlagen und Beete gepflügt, gedüngt und umgegraben. Mais und Kürbisse sind reif, auf Gütern und Höfen kann jetzt das Sauerkraut eingemacht werden. Einen großen Raum nehmen in diesen Tagen Kartoffelernte und Weinlese ein. Im Obstgarten heißt es nun, abräumen und alles ordnen. Das Obst wird geerntet und im Obstkeller eingelagert.

Leodegar	2. Oktober	Schutzengelfest	Lostag

Fällt das Laub auf Leodegar,
so ist das nächste ein fruchtbar Jahr.

Der 2. Oktober ist das Fest der heiligen Engel, der Schutzengel, der Boten des Lichts. Es war einst der Tag, an dem die gläubigen Menschen ihren Schutzengel für Beistand und Hilfe bedankten und um Verzeihung baten für jene Momente, in denen sie ihren Rat nicht annahmen oder in den Wind schlugen. Wer auf dem Felde oder im Wald arbeiten musste und keine Zeit für die Kirche hatte, entblößte zum Mittagsläuten sein Haupt und betete und schenkte sein Essen armen Wandersburschen oder hungrigen Durchreisenden.

Ewald	3. Oktober	Schwendtag

Wie's Wetter im Oktober sich stellt,
solch Wetter in die Ernte fällt.

Der Tag des heiligen Ewald, galt eigentlich zwei Heiligen. Nach ihrer Haarfarbe nannte man sie den »schwarzen« und den »roten« Ewald, die beide von den Sachsen erschlagen wurden. An diesem Tag sollte man weder Land kaufen, noch eine Reise antreten, eine Jungfer freien oder Vieh kaufen oder verkaufen. Jauche, die an diesem Tag zubereitet wird, hat keine Kraft.

Renatus	6. Oktober	Schwendtag

Komet im Oktober,
macht Sturm und Frost zum Ober.

Der heilige Renatus gilt als Patron der Holzschuhmacher und wird um eine glückliche Entbindung gebeten.

Pelagius	8. Oktober	Lostag

Sankt Pelei führt Donner und Hagel bei'.

Der 8. Oktober war in vielen Regionen und Gegenden ein »achtungsvoller« Glückstag. Wer am Morgen aufwachte und mit einem »Achtung« begrüßt wurde, durfte sich auf einen guten Tag freuen. Alles, was er tat, unternahm oder vorhatte, würde ihm gelingen, ohne dass er sich groß anstrengen musste. Wer auf der Wanderschaft war und um Essen und Trank bat und gleichzeitig einen »achtbaren Tag« wünschte, wurde nicht abgewiesen.

Dionysius   9. Oktober   Lostag

Regnet's an Sankt Dionys,
regnet's den ganzen Winter gewiss.

Dionysius zählt zu den 14 Nothelfern. Er wird als Bischof mit dem Kopf in seinen Händen dargestellt, denn er wurde im 3. Jahrhundert enthauptet. Der Heilige hilft bei Kopfweh und Gewissensnöten.

Burkhard   11. Oktober   Schwendtag

Oktoberhimmel voll Sterne
hat warme Öfen gerne.

An diesem Tag sollte kein Wein gekostet, gekauft oder verkauft werden. Ein Fass, das man am Vortag angefangen hat zu reinigen, wird besser am nächsten Tag geputzt. Wein der letzten Ernte verdirbt, wenn er längere Zeit an einem Sonnenplatz stehenbleibt.

Hedwig   15. Oktober   Lostag

Hedwig und Galle,
machen das schöne Wetter alle.

Die schlesische Herzogin Hedwig wurde wegen ihrer Frömmigkeit und Mildtätigkeit verehrt. Sie ist die Patronin Schlesiens und Polens sowie die Schutzheilige der Brautleute.

Gallus   16. Oktober   Lostag

Sankt Gallen lässt den Schnee fallen.

Wenn an Sankt Gallus Regen fällt,
der Regen sich bei Weihnachten hält.

Muss Gallus Buttenträger sein,
ist's ein böses Zeichen für den Wein.

Der Ehrentag des Gallus ist ein wichtiger Lostag im Jahreslauf. Er war ein Zeichen für den nahenden Winter. Daher wurde das Wetter an diesem Tag besonders beobachtet.

Kirchweih   19. Oktober   Kirmes

Viel Nebel im Oktober,
viel Schnee im Winter.

Den Höhepunkt der Herbstfestzeit bildet das Kirchweihfest. Es wird vielerorts am dritten Sonntag im Oktober gefeiert, aber auch am 17. Oktober. Das Fest war ein Ruhepunkt im Kreislauf der jährlichen Mühen und Arbeiten, das für gewöhnlich drei Tage lang mit Schmausereien und Tanz gefeiert wurde. Das Getreide ist bereits eingefahren, die Kartoffelernte vorüber, Keller und Scheune sind gefüllt. Die Felder sind frisch gepflügt und gedüngt, die Rinder- und Schafherden versorgt. Alle freuten sich auf diese Tage, man sprach über Geburt, Hochzeit und Tod. Die Dienstboten haben an den Kirchweihtagen frei und freuen sich auf die fröhliche Geselligkeit. Das Kirchweihfest war ursprünglich ein kirchlicher Feiertag zur Erinnerung an die Weihezeremonie einer neuen Kirche. Daraus entstand die heutige Kirmes mit dem Jahrmarktsrummel.

Ursula   21. Oktober   Lostag

Sankt Ursulas Beginn zeigt auf den Winter hin.

Wie das Wetter am Ursulatag war, soll es im nächsten Jahr sein.

Bis zum Tag der heiligen Ursula, die der Legende nach von den Hunnen in Köln getötet wurde, musste die gesamte Ernte eingebracht sein: »Zu Ursula soll das Kraut herinnen sein!« Ist das Wetter zu Sankt Ursula gut, verheißt das eine längere Schönwetterperiode.

Severin   23. Oktober   Lostag

Wenn's Sankt Severin gefällt,
bringt er mit die erste Kält'.

Dieser Tag ist Severin gewidmet, der Bischof von Köln war. Als Patron für Regen schützt er vor Trockenheit.

Simon und Judas   28. Oktober   Lostag

Simon und Juda – ist kein Wind und kein Regen da,
bringt ihn erst Sankt Cäcilia.

Wenn zu uns Simon und Judas wandeln,
wollen sie mit dem Winter handeln.

An diesem Tag war der Sommer endgültig vorbei.

Wolfgang   31. Oktober   Lostag

Wolfgang Regen verspricht ein Jahr voll Segen.

Viel Regen im Oktober und November,
macht viel Wind im Dezember.

Der Patron des Bistums Regensburg schützt Hirten, Schiffer, Holzarbeiter, Köhler, Zimmerleute, Bildhauer und unschuldig Gefangene. Er hilft gegen Gicht, Lähmung, Schlaganfall und Leibschmerzen. Auch für das Vieh wird sein Segen erbeten.

November

November – Novembris – Herbstimanoth – Wintermond – Neblung – Nebelmond – Nebelmonat – Windmond – Wolfmond – Schlachtmonat
Novemberschnee ist zwar keine Seltenheit, aber in der Ebene ist er meist von geringer Beständigkeit. Auf dem Land schätzt der Bauer in diesem Monat – oder spätestens im Dezember eine dichte Schnee-

decke. Schließlich schützt der Schnee nicht nur die Saaten vor dem Erfrieren, er tränkt zudem, wenn es im Frühjahr schmilzt, die Erde mit Feuchtigkeit. Angemerkt sei hier, dass sich die zu warmen Novembermonate seit etwa 1925 an ziemlich häufen. Einerseits ist der November der Monat des Nebels, andererseits hat er uns schon so manchen schönen Novembersommer beschert.

Der Arbeitskalender für Acker, Feld und Garten

Auf Äckern, Feldern und Gärten müssen nun Vorkehrungen für den zu erwartenden strengen Frost getroffen werden. Zum Schutze der Stauden häufelt man Erde möglichst hoch an, bei sehr starkem Frost deckt man Stroh, Mist oder Tannenreise über die angehäufelte Erde. Wer noch Karotten im Freien hat und sie in der Küche verwenden will, bedecke die Beete mit Laub oder Mist Wird der Frost nicht zu stark, können von diesen Beeten noch lange frische Karotten gezogen werden. Jetzt sollte noch tüchtig umgegraben und gedüngt werden, damit der Gemüsegarten im kommenden Frühjahr sofort wieder bearbeitet werden kann. Ein Vorteil des Umgrabens der Beete vor Winterbeginn ist, dass die dadurch locker gewordene Erde besser durchfrieren kann. Jetzt werden auch die Obstbäume umgegraben und gedüngt und die Wurzelschößlinge an den Sträuchern weggenommen. Im Obstgarten setzt man die Arbeit aus dem vorigen Monat fort. Faulendes Obst wird entfernt oder verbraucht.

Allerheiligen	1. November	Lostag

Ist zum Allerheiligen der Buchen- und Birkenspan trocken,
müssen wir im Winter hinter dem Ofen hocken.
Ist aber der Span nass und nicht leicht,
so wird der Winter statt kalt lind und feucht.

Nach der Allerheiligen-Messe
sind wir des Winters gewisse;
wenn er nicht kommen mag,
dauert's bis Martinitag.

Allerheiligen klar und helle,
sitzt der Winter auf der Schwelle.

Hat Allerheiligen Sonnenschein,
wird Martini desto kälter sein.

Allerheiligen wurde 835 von Papst Gregor IV. für sämtliche Märtyrer, Heiligen und Seligen in Deutschland eingeführt. Der Tag bedeutet vielfach das Sommerende, vor allem des Altersweibersommers.
An Allerheiligen werden auf den Friedhöfen die Gräber geschmückt.
Wenn man das Winterwetter erkunden wollte, musste man einer
Buche einen Span entnehmen. War der Span nass, gab es einen
feuchten Winter, war er trocken, einen langen und kalten.

Allerseelen   2. November   Lostag

Der Allerseelentag will drei Tropfen Regen haben.

An den Toten (Allerseelen) hüllen sich die Frost'gen ein,
an Martini tut es groß und klein.
Die schönen Mädchen tun's am Frauentag (21. November)
und selbst die Stutzerin tut's am Katharinentag.

Die Zeit vom 30. Oktober bis zum 8. November gilt als Seelen-
woche, da man glaubte, dass in dieser Zeit die armen Seelen körper-
lich anwesend wären. In den Bauernhäusern wurde deshalb nach
dem Essen für die Verstorbenen immer etwas übrig gelassen. In Not-
zeiten rief man die armen Seelen um Beistand, Hilfe oder eine gute
Ernte an.

Sankt Martini   11. November   Lostag

Um Martin schlachtet der Bauer sein Schwein,
das muss bis zu Lichtmess gefressen sein.

Sankt Martin macht Feuer im Kamin,
dann, o Mädel, greif zum Rädel hin.

Martin ist der Grundzinstag,
drum nimm das Geld auch aus dem Sack.

Der heilige Martin, zuerst römischer Offizier, später vom Volk zum Bischof von Tours gewählt, ist auch als »Bischof der Armen und der Armut« bekannt. Auf dem Land gilt der Martinstag als Beginn der Winterwirtschaft – Pacht, Zins, Dienstboten und Handwerker wurden bezahlt. In vielen Gegenden Deutschland gibt es am frühen Abend Laternenumzüge von Kindern zu Ehren des Heiligen. Er ist u. a. Patron der Fruchtbarkeit, der Haustiere, vor allem der Gänse, der Hirten, Reiter und Soldaten, des Weinbaus und des Wetters.

Kunibert	12. November	Schwendtag

Bringt der November Morgenrot,
der Aussaat viel Regen droht.

Novemberwasser auf den Wiesen,
dann wird das Gras im Lenze sprießen.

An diesem Tag sollte man sehr vorsichtig mit Feuer umgehen, in keine Flamme starren und keinen Baum fällen. Wer an diesem Tag einem Fuchs begegnet, muss sich vor falschen Freunden und Leberleiden hüten.

Leopold	15. November	Lostag

Der heilige Leopold ist dem
Altweibersommer hold.

Der Allerheiligen Sommer dauert drei Stunden,
drei Tage oder drei Wochen.

Leopold war Markgraf von Österreich und kümmerte sich besonders um das Wohl der Klöster und Stifte. Er liegt in der Krypta von Klosterneuburg begraben.

Elisabeth   19. November   Lostag

Sankt Elisabeth sagt an,
was der Winter für ein Mann.

Dieser Lostag war für die Bauern von großer Bedeutung für das kommende Wetter.

Mariä Opferung   21. November   Lostag

Mariä Opferung klar und hell,
macht den Winter streng ohn' Fehl.

Nach der Legende wurde Maria im Alter von drei Jahren von ihren Eltern in den Tempel nach Jerusalem gebracht, wo sie unter den Tempeljungfrauen erzogen werden sollte.

Klemens   23. November   Lostag

Dem heiligen Klemens traue nicht,
denn selten zeigt er ein mild' Gesicht.

Klemens war Bischof von Rom und wurde der Legende nach mit einem Anker um den Hals im Meer versenkt. Als Patron der Seeleute, Hutmacher und Steinmetze wird er bei Sturm und Gewitter um Schutz gebeten.

Katharina   25. November   Lostag

Wenn's schon wintert am Katharinentag,
kommt der Eismond sehr gemach.

Wie's um Katharina trüb oder rein,
wird auch der nächste Hornung (Februar) sein.

Die heilige Katharina gehört zu den 14 Nothelfern und wird mit einem zerbrochenen Rad dargestellt. Der Legende nach brach das Rad, auf dem sie gefoltert werden sollte und sie wurde enthauptet.

Andreas   30. November   Lostag

Andreas hell und klar,
bringt ein gutes Jahr.

Andreas Korn und Schnee,
tut Korn und Weizen weh.

Der heilige Andreas, der Bruder von Petrus, war der erste Apostel von Jesus. Er starb den Märtyrertod an einem schräg gestellten Kreuz, das danach den Namen »Andreaskreuz« erhielt. Für die Bauern war der Andreastag der Beginn der Winterzeit und ein wichtiger Lostag. Die dem Andreastag vorhergehende Nacht ist eine Losnacht oder Übergangsnacht, in der junge Mädchen die Liebesorakel befragten und alles über ihren Zukünftigen wollten. Dazu gehörte zum Beispiel das Bleigießen, das Töpfeheben und Schuhwerfen, das Holzscheiteziehen, das Baumschütteln, das Horchengehen bei den Nachbarn oder das Zettelschreiben. Ein überlieferter Spruch wird von den jungen, heiratswilligen Mädchen in einigen Gegenden unseres Landes auch noch heute verwendet:

Heiliger Andreas, ich bitt dich!
Lass mir erscheinen den Allerliebsten meinen,
in seiner Gestalt, in meiner Gewalt,
wie er mit mir vor dem Altar steht!

1. Adventssonntag

Wenn's in der ersten Adventwoche gut Wetter ist,
so bleibt's gut bis Weihnacht.

Viel Winde soll's zeigen an,
wenn's im Advent noch donnern kann.

Frost ohne Schnee in der Adventszeit
bringt viel und gutes Wintergetreid'.

Die Adventszeit (lateinisch adventus bedeutet Ankunft) beginnt mit dem ersten Sonntag nach dem 26. November und endet am 25. Dezember. Diese Zeit galt als Buß- und Fastenzeit, in der nicht geheiratet oder getanzt werden durfte. Die Adventszeit ist die stille Zeit. Die Arbeit auf den Feldern ist beendet, man versammelte sich in Haus und Hof. Der frühe Winterabend vereinte Alt und Jung um das warme Herdfeuer in der Stube, um den flackernden Schein der Lampen und Leuchten. Die Adventstage waren für die Menschen eine ahnungsvolle und erwartungsvolle Zeit.

Dezember

Dezember – Decembris – Heilagmanoth – Heilsmonat – Christmond – Christmonat – Jul – Julmond – Frostmonat – Wintermonat

Der Dezember ist nach der meteorologischen Jahreseinteilung der erste Wintermonat. In seine zweite Hälfte fällt der eigentliche Winter. Charakteristisch ist der gegen Mitte des Monats eintretende Wärmerückfall, der mehrere Tage dauern kann und durch eine Frostperiode abgelöst wird, die den Einzug des eigentlichen Winters darstellt. Oft erfolgt ausgerechnet zu den Weihnachtstagen ein Umschlag zu Tauwetter. Vor Weihnachten fällt nach einschlägigen Erfahrungen im Allgemeinen selten Schnee.

Der Arbeitskalender für Acker, Feld und Garten

Das Klima in diesem Monat ist zu unbestimmt, um allgemeine Regeln für die Feld- und Gartenarbeit zu geben. In manchen warmen Gegenden können im Dezember die Oktober- und Novemberarbeiten ausgeführt werden. In rauen, kalten, unwirtlichen Regionen kann dagegen im Freien nichts mehr getan werden. Ist das Graben noch nicht beendet, so muss dies jetzt geschehen, wenn es nicht schon zugewintert hat. Bei schneelosem Winter und starkem Frost empfiehlt es sich, Salat, Spinat, Radieschen und andere Gewächse mit Laub zu bedecken. Auch das Handwerkszeug muss einer sorgfältigen Prüfung unterzogen werden. Schadhaftes Gerät wird ausgebessert oder neu angeschafft.

Elegius   1. Dezember   Lostag

Fällt zu Elegius ein starker Wintertag,
die Kält' wohl vier Monde dauern mag.

Eligius gilt als Patron der Gold- und Silberschmiede, Schlosser, Uhrmacher, Pferdehändler wie auch der Bauern, Knechte und Pächter.

Bibiana   2. Dezember   Lostag

Wenn es regnet am Bibianatag,
regnet's 40 Tage und eine Woche danach.

Bei Kopfweh, Krämpfen, Epilepsie, Trunksucht und Unfällen wird Bibiana als Patronin angefleht.

Barbara   4. Dezember   Lostag

Auf Barbara die Sonne weicht,
auf Luzia sie wieder herschleicht.

Geht Barbara im Klee,
kommt's Christkind im Schnee.

Die heilige Barabara ist Patronin für eine gute Sterbestunde und für Schwerverwundete, die Artillerie, Bergleute, Bauarbeiter, Wetter und Glocken. Auch sie zählt zu den 14 Nothelfern. An ihrem Ehrentag pflegte man Birken-, Kirschen-, Rosmarin-, Haselnuss- oder Kastanienzweige zu schneiden und zu Hause in ein Gefäß mit Wasser an den Ofen zu stellen. Die heilige Barbara ist neben Sankt Florian auch die Patronin der Feuerwehrleute. Wenn die so genannten Barbarazweige zu Weihnachten aufblühten, erfüllten sich geheime Wünsche und Hoffnungen.

Nikolaus — 6. Dezember — Lostag

Regnet's an Sankt Nikolaus,
wird der Winter streng und graus.

Fließt Nikolaus noch der Borkensaft,
dann kriegt der Winter keine Kraft.

Sankt Nikolaus beschert die Kuh,
gibt aber nicht den Strick dazu.

Der heilige Nikolaus ist Patron des Wassers und der Schiffer und schützt vor Seenot. Er wird in allen Nöten gerufen und gilt zudem als Schutzheiliger der Pilger und Reisenden. Er liebte vor allem die Kinder. Wenn es am Nikolaustag regnet, werden die Nüsse weich und ab Januar wird es kalt und sehr ungemütlich.

Mariä Empfängnis — 8. Dezember — Lostag

Wintert's vor Weihnachten nicht,
so wintert's nach.

An Mariä Empfängnis, dem Frauentag, durfte keine Frau arbeiten. Wer es dennoch tat, dem erschien die »weiße Frau« und schreckte sie von der Arbeit ab.

Luzia — 13. Dezember — Lostag

Sankt Luzen tut den Tag stutzen.

An Sankt Luzia ist der Abend dem Morgen nah.

Heilige Luzia trinkt die Nächte ab.

Kommt die heilige Luzia,
ist die Kälte schon da.

Die Luzianacht galt vielerorts als Losnacht. Wer an diesem Tag Weichselzweige schnitt und zu Hause ins Wasser stellte, die nach vier Wochen blühten, hatte besonderes Glück. Im Mittelalter wurden am Luziatag die Kinder beschert, da der Weihnachtstag erst nach 1500 als Kinderfest gefeiert wurde. Wenn es in der Luzianacht schneite, stand ein strenger Winter vor der Tür.

Christiane   15. Dezember   Schwendtag

Dezember kalt, mit Schnee,
gibt Korn auf jeder Höh'.

Wer bis zu diesem Tag noch keine Gelegenheit hatte, den günstigen Zeitpunkt der »drei Tage vor dem elften Vollmond« zum Schlagen eines Christbaums auszunutzen, der sollte heute in den Wald gehen. Er sollte seinen Baum aussuchen und kennzeichnen, ihn aber noch nicht fällen.

Thomas   21. Dezember   Lostag

Am Thomastag wächst der Tag um einen Hahnenschritt.

Wenn Sankt Thomas dunkel war,
gibt's ein schönes neues Jahr.

Die Thomasnacht ist die dem Thomastag folgende längste Nacht des Jahres. Sie ist wie die Andreasnacht eine Losnacht, in der nach altem Brauch ebenfalls die Zukunft befragt wurde. In dieser Nacht gingen die jungen Mädchen »losen«: Sie schrieben beispielsweise 24 Buchstaben an die Tür und fassten mit verbundenen Augen danach. Der zuerst getroffene Buchstabe war der erste Buchstabe im Namen des Angebeteten. Oder die jungen Mädchen aßen vor dem Schlafengehen einen Hering. In der Nacht brachte dann der Zukünftige im Traum ein Glas Wasser. Weitere Liebesorakel waren das Baumklopfen, das Scheitezählen und das Schuhwerfen, ähnlich wie in der Andreasnacht. Wer am Thomastag zuletzt aus dem Bett stieg, wurde »Thomasesel« genannt und musste dulden, dass er den ganzen Tag mit diesem Namen gehänselt wurde.

Die Zwölfnächte   25. Dezember bis 6. Januar

Ist's in den 12 Nächten mild,
sind sie milden Winters Bild.

Wie sich die Witterung vom Christtag
bis heilig Dreikönig verhält,
so ist das ganze Jahr bestellt.

Den Höhepunkt der zauber- und schicksalsreichen Jahreszeit bilden die Zwölfnächte, auch Zwischennächte, Unternächte, Raunächte oder Rauchnächte genannt. Sie beginnen mit dem Heiligen Abend und dauern bis zum Dreikönigstag. In der Zeit der Zwölfnächte sollte nicht gedroschen, gebacken oder gewaschen werden, sonst bekam das Vieh Ungeziefer. In diesen Tagen wurde sorgfältig auf Träume und Ahnungen geachtet. Man glaubte fest daran, dass die Orakel auf jeden Fall in Erfüllung gehen würden.

Allgemein verbreitet war zudem der Glaube, dass diese zwölf Tage das Wetter der zwölf Monate des Jahres vorherbestimmten und anzeigten. Der erste Tag zeigte das Wetter des Monats März, der zweite das des Aprils und so fort.

Wie die Witterung an diesen Tagen am Morgen, Vor- und Nachmittag und am Abend war, so würde sie auch in jeder Woche des folgenden Monats sein. Das Wetter musste Tag und Nacht beobachtet und aufgezeichnet werden. Die Nacht bedeutete der erste, der Tag die zweite Hälfte des Monats.

Besondere Bedeutung wurde außerdem dem Sonnenschein an den zwölf Lostagen zugemessen. Sonnenschein am 1. Lostag bedeutet glückliches Jahr, am 2. Teuerung, am 3. Uneinigkeit, am 4. Fieberträume, am 5. viel Obst, am 6. Überfluss an Früchten jeder Art, am 7. gute Viehweide, sonst aber Teuerung, am 8. viel Vögel und Fische, am 9. gute Kaufmanngeschäfte, am 10. schwere Gewitter, am 11. große Nebel und am 12. Unruhe und Streitigkeiten. Vor Weihnachten wurde auch meist geschlachtet und die Nachbarschaft mit Fleisch und Würsten bedacht.

Adam und Eva   24. Dezember   Der Heilige Abend   Lostag

Wenn Christkindlein Regen weint,
vier Wochen keine Sonne scheint.

Wie's Adam und Eva spend't,
bleibt's Wetter bis ans End.

Ist die Christnacht hell und klar,
folgt ein höchst gesegnet' Jahr.

Wie die Andreas- und die Thomasnacht war auch der Heilige Abend eine besondere Losnacht, in der ein sicherer Blick in die Zukunft gestattet war. Am Abend nach dem Essen fanden die üblichen Bräuche der Losnächte statt: das Fensterhorchen, das Schuh- oder Pantoffelwerfen, das Bleigießen, die Getreideprobe, das Stallhorchen. Man glaubte auch daran, dass die Tiere in den Ställen um Mitternacht Sprache und Stimme gewannen und sich über den Hof und die darin wohnenden Menschen unterhielten.

1. Weihnachtsfeiertag   25. Dezember   Lostag

Von Weihnachten bis Dreikönigstag,
auf's Wetter man wohl achten mag.

Ist es von Regen und Nebel voll,
viel Krankheit es erzeugen soll.

Leb' mit Vernunft und Mäßigkeit,
so bist du vor allem Wetter gefeit.

Ist es grün zur Weihnachtsfeier,
fällt der Schnee auf Ostereier.

Am ersten Weihnachtsfeiertag fand bei manchen Familien die Weihnachtbescherung in den Morgenstunden statt. An Nachmittag besuchte man die Patenkinder und umgekehrt. Der Abend wurde im Kreise der Familie verbracht.

2. Weihnachtsfeiertag   26. Dezember   Stephanstag

Am Stephanstag muss es windstill sein,
sonst fällt die Hoffnung auf den Wein.

Weihnachten kalt, kommt der Winter hart und bald.

Am Morgen des Stephanstages, dem Pferdetag, werden die Pferde ausgeritten, deren Patron der Heilige ist. Er ist außerdem der Patron der Pferdeknechte, Kutscher, Steinhauer, Maurer, Zimmerleute, Weber, Schneider und Küfer und bewahrt vor Kopfweh und Steinleiden. Der heilige Stephan gilt als erster Märtyrer der christlichen Kirche.

Unschuldige Kinder   28. Dezember   Lostag

Haben's die unschuldigen Kindlein kalt,
so weicht der Frost noch nicht bald.

Am »Unschuldigen Kindertag« wurden alle neugeborenen in Bethlehem aufgrund des Befehls von König Herodes ermordet. Er hatte von der Geburt des Königs der Juden erfahren.

Silvester   31. Dezember

Silvesternacht Wind, früh Sonnenschein
bringt keinen guten Wein.

Silvesterwind und warme Sonn'
wirft jede Hoffnung in den Born.

Einst wurde Silvester, eine Losnacht, auch der »zweite heilige Abend« genannt. Mittags wurde wenig gegessen, erst gegen Abend gab es richtige Mahlzeiten. Nach dem Essen saß man gemütlich beisammen, befragte die verschiedenen Orakel, goss Blei, warf die Pantoffeln oder zog die Holzscheite. In vielen Gegenden schoss oder sang man das neue Jahr an. Der Silvestertag, mancherorts auch als Altjahrsabend bezeichnet, ist der letzte Tag des Jahres.